情報工学レクチャーシリーズ

ソフトウェア工学

【第2版】

丸山勝久・高橋直久=共著

森北出版

情報工学レクチャーシリーズ

■ 編集委員

高橋　直久　名古屋工業大学名誉教授
　　　　　　工学博士

松尾　啓志　名古屋工業大学大学院教授
　　　　　　工学博士

和田　幸一　法政大学教授
　　　　　　工学博士

五十音順

●本書の補足情報・正誤表を公開する場合があります．当社 Web サイト（下記）で本書を検索し，書籍ページをご確認ください．
https://www.morikita.co.jp/

●本書の内容に関するご質問は下記のメールアドレスまでお願いします．なお，電話でのご質問には応じかねますので，あらかじめご了承ください．
editor@morikita.co.jp

●本書により得られた情報の使用から生じるいかなる損害についても，当社および本書の著者は責任を負わないものとします．

JCOPY 〈（一社）出版者著作権管理機構 委託出版物〉
本書の無断複製は，著作権法上での例外を除き禁じられています．複製される場合は，そのつど事前に上記機構（電話 03-5244-5088，FAX 03-5244-5089，e-mail: info@jcopy.or.jp）の許諾を得てください．

「情報工学レクチャーシリーズ」の序

　本シリーズは，大学・短期大学・高専の学生や若い技術者を対象として，情報工学の基礎知識の理解と応用力を養うことを目的に企画したものである．

　情報工学における数理，ソフトウェア，ネットワーク，システムをカバーし，その科目は基本的な項目を中心につぎの内容を含んでいる．

　「離散数学，アルゴリズムとデータ構造，形式言語・オートマトン，信号処理，符号理論，コンピュータグラフィックス，プログラミング言語論，オペレーティングシステム，ソフトウェア工学，コンパイラ，論理回路，コンピュータアーキテクチャ，コンピュータアーキテクチャの設計と評価，ネットワーク技術，データベース，AI・知的システム，並列処理，分散処理システム」

　各巻の執筆にあたっては，情報工学の専門分野で活躍し，優れた教育経験をもつ先生方にお願いすることができた．

　本シリーズの特長は，情報工学における専門分野の体系をすべて網羅するのではなく，本当の知識として，後々まで役立つような本質的な内容に絞られていることである．加えて丁寧に解説することで内容を十分理解でき，かつ概念をつかめるように編集されている．情報工学の分野は進歩が目覚しく，単なる知識はすぐに陳腐化していく．しかし，本シリーズではしっかりとした概念を学ぶことに主眼をおいているので，長く教科書として役立つことであろう．

　内容はいずれも基礎的なものにとどめており，直感的な理解が可能となるように図やイラストを多用している．数学的記述の必要な箇所は必要最小限にとどめ，必要となる部分は式や記号の意味をわかりやすく説明するように工夫がなされている．また，新しい学習指導要領に準拠したレベルに合わせられるように配慮されており，できる限り他書を参考にする必要がない，自己完結型の教科書として構成されている．

　一方，よりレベルの高い方や勉学意欲のある学生のための事項も容易に参照できる構成となっていることも本シリーズの特長である．いずれの巻においても，半期の講義に対応するように章立ても工夫してある．

　以上，本シリーズは，最近の学生の学力低下を考慮し，できる限りやさしい記述を目指しているにもかかわらず，さまざまな工夫を取り込むことによって，情報工学の基礎を取りこぼすことなく，本質的な内容を理解できるように編集できたことを自負している．

高橋直久，松尾啓志，和田幸一

序　文

　自動車やスマートフォンなど身の回りの多くのものにコンピュータが組み込まれ，情報化社会が進展するなかでソフトウェアが担う役割はますます大きくなっている．

　ソフトウェア工学は，このようなソフトウェアの設計開発の基盤となる重要な技術であり学問である．一方で，大学・高専などで情報工学を学び始めて間もない学生にソフトウェア工学を教えるのは難しいという声を聞く．その理由としては，次のようなことが挙げられる．

(1) ソフトウェアの解析・検証などのコンピュータサイエンスの基礎的な問題から，品質管理，工程管理などの管理工学的な問題まで対象とする範囲が広大である．

(2) ソフトウェア設計・開発方法論は，大規模ソフトウェア開発の成功と失敗の経験や分析に基づいて多数提案され改良され続けている．プログラミングの学習を始めて間もない学生はソフトウェア開発の経験が乏しいため，大規模ソフトウェア開発における問題の所在と，それらの経験から得られた成果を理解するのが難しい．

(3) ソフトウェアの設計開発方法論が新しく提案されるなかで，実際の開発プロジェクトでは，旧来のものを基礎に独自に発展させた手法やツールを利用し続ける場合も多い．また，これらの手法やツールがもたらす効果は，利用する人の特性に大きく依存することもあり，手法やツール自体の良さを評価することが難しい．その結果，多くの方法論・手法・ツールが共存し，ソフトウェア工学で扱う範囲が広くなっている．

　このような背景をふまえて，本書の初版では，取り扱う項目の選択と項目間の関連づけについて注意深く検討し，次のように取り組んだ．これらは第2版でも本書の特徴となっている．

(1) 第1章でソフトウェア工学を学ぶ動機付けを説明し，その後の章でそれぞれ重要なテーマを説明する．各テーマの内容は，学習者が比較的小さな負担で読み進められるように主要な話題に絞った．結果として，ソフトウェア工学に関する主要な技術項目を概ね網羅して，全体としてバランス良く配置できた．

(2) ソフトウェア工学における様々な方法論・手法・ツールを互いに関連付けて理解が深められるように，第1章で，分割統治法と構造化，抽象化とモデリング，追跡可能性などソフトウェア工学全般にかかわる基本的概念を紹介し，その必要性を紹介した．

(3) 多くの人々にとって身近になってきたネット販売業務を共通例題として設定し，この例題を用いて構造化分析やオブジェクト指向分析などにおけるさまざまな手法を解説した．こ

れにより，異なる手法を比較し，それぞれの特徴を深く理解し本質的な違いを認識することが容易になった．

(4) 各章末に，その章における重要な事柄を箇条書きにしてまとめ，演習問題を用意した．また，演習問題に対してはできるだけわかりやすい形で解答例を付けた．これらは，広範な知識を定着させる一助となる．

このような特徴をもつ初版が出版された 2010 年から 14 年が過ぎ，ソフトウェア工学を取り巻く現状は変化している．主な変化と，それに対応した改訂内容は以下のようになっている．

(1) GitHub などを介した協調に基づくオープンソースソフトウェア（OSS）開発が台頭した．これにより，分析設計手法のような方法論だけでなく，より実践的な技術に関する注目度が高まっている．本書では，デバッグ技法・バーション管理・プロダクトライン開発など，実践的なテーマを積極的に取り上げた．これにより，実際のソフトウェア開発に役立つ専門知識が得られる．

(2) 多くのソフトウェア開発現場において，開発者と利用者を密接に結び付けることでプロダクトを素早く提供するアジャイル開発が主流となっている．アジャイル開発に関するさまざまな書籍が出版されるなかで，本書では，講義の 1 回分でアジャイル開発の概要が把握できるような章を追加した．また，アジャイル開発を支える技法を紹介することで，アジャイル開発に対するさらなる学習を促している．

初版の特徴をふまえ，上記のような改訂を行うことで，大学・高専などで情報工学を学び始めて間もない学生諸君や企業でソフトウェア開発にかかわる仕事を始めようとしている方々にとって，ソフトウェア工学に関する知識をバランス良く得て，本質的な問題を理解するために有用な教科書となったのでないかと考える．これらの知識や理解は，今後新しい方法論や手法が現れてきても，それらの本質を理解し，知識を拡大するために役に立つものであると期待している．

本書によりソフトウェア工学の学習を開始して知識を体系的に習得し，ソフトウェア開発の現場に立ち向かっていただきたい．実際にソフトウェア開発の経験を積んだときに，本書で得た知識が真に役に立ち，ソフトウェアによる新しい価値の創造につながることを願う．

遅々として進まない執筆作業を暖かく見守っていただき，出版作業にご尽力いただいた森北出版の加藤義之氏および岩越雄一氏に深く御礼申し上げます．

2024 年 11 月

著者らしるす

目　次

第1章　大規模ソフトウェア開発の課題　　　1

1.1　ソフトウェア危機　……………………………………………………… 1

1.2　大規模ソフトウェアがもたらす問題　………………………………… 2

1.3　問題解決への取り組み　………………………………………………… 5

1.4　本書の構成　……………………………………………………………… 11

演習問題　……………………………………………………………………… 14

第2章　ソフトウェアの開発工程　　　15

2.1　ソフトウェアの開発工程とは　………………………………………… 15

2.2　ウォータフォールモデル　……………………………………………… 16

2.3　進化型プロセスモデル　………………………………………………… 18

演習問題　……………………………………………………………………… 24

第3章　プロジェクト管理　　　25

3.1　プロジェクト管理とは　………………………………………………… 25

3.2　開発工数の見積もり　…………………………………………………… 28

3.3　品質管理　………………………………………………………………… 33

演習問題　……………………………………………………………………… 36

第4章　要求分析　　　37

4.1　要求分析とは　…………………………………………………………… 37

4.2　要求獲得　………………………………………………………………… 40

4.3　要求仕様化　……………………………………………………………… 43

4.4　要求確認　………………………………………………………………… 44

演習問題　……………………………………………………………………… 46

目 次　v

第5章　構造化分析　　47

5.1　構造化分析とは……………………………………………47

5.2　データフロー図を用いた分析手順……………………………50

5.3　構造化分析におけるその他の手法…………………………54

演習問題……………………………………………………57

第6章　オブジェクト指向分析　　58

6.1　オブジェクト指向とは…………………………………………58

6.2　オブジェクト指向の基本概念…………………………………60

6.3　オブジェクト指向開発方法論…………………………………64

6.4　オブジェクト指向分析の手順…………………………………67

演習問題……………………………………………………73

第7章　アーキテクチャ設計　　74

7.1　アーキテクチャ設計とは……………………………………74

7.2　アーキテクチャスタイル………………………………………80

演習問題……………………………………………………87

第8章　モジュール設計　　88

8.1　モジュール設計とは…………………………………………88

8.2　モジュール分割の評価基準…………………………………91

8.3　構造化設計……………………………………………………96

演習問題……………………………………………………100

第9章　プログラミング　　101

9.1　プログラミングとは……………………………………………101

9.2　構造化プログラミング…………………………………………103

9.3　デバッグ技法…………………………………………………106

9.4　バージョン管理………………………………………………109

演習問題……………………………………………………113

第10章　テストと検証　　114

10.1　ソフトウェアテストとは………………………………………114

10.2　テスト技法……………………………………………………119

10.3　信頼性成長モデル……………………………………………127

10.4　ソフトウェアの検証…………………………………………128

演習問題……………………………………………………130

第 11 章　保守と進化　131

11.1　ソフトウェア保守とは ························ 131

11.2　保守技法 ································ 134

11.3　ソフトウェア進化とは ························ 139

演習問題 ··································· 141

第 12 章　再利用　142

12.1　ソフトウェア再利用とは ······················ 142

12.2　ソフトウェア再利用の効果 ····················· 143

12.3　ソフトウェア再利用の技法 ····················· 144

12.4　プロダクトライン開発 ······················· 148

12.5　ソフトウェアパターン ······················· 152

演習問題 ··································· 155

第 13 章　アジャイル開発　156

13.1　アジャイル開発の必要性 ······················ 156

13.2　アジャイルソフトウェア開発宣言 ··················· 157

13.3　PDCA と OODA ··························· 158

13.4　アジャイル開発方法論 ······················· 159

13.5　スクラム ······························· 160

13.6　アジャイル開発を支える技法 ···················· 164

演習問題 ··································· 169

さらなる勉強のために　170

演習問題解答例　171

索　引　180

第1章 大規模ソフトウェア開発の課題

keywords

ソフトウェア工学，ソフトウェア危機，大規模ソフトウェア，ステークホルダー，分割統治，構造化，抽象化，モデリング，要求分析，追跡可能性，経験の蓄積，再利用，系統的評価，フィードバックループ

　コンピュータのOSや銀行のATMなどのシステムは，数千万行にも及ぶプログラムのソフトウェアに制御されている．このようなソフトウェアを作ることができるようになった背景には，ハードウェアの進化だけでは語れない，長く苦難のソフトウェア開発の歴史がある．

　本章では，まずソフトウェア工学の歴史を辿り，ソフトウェア危機について説明する．次に，ソフトウェア危機で露見した問題を考察して，開発の課題とソフトウェア工学の取り組みを紹介する．

1.1 ソフトウェア危機

　1951年に世界初の商用コンピュータUNIVAC Iが誕生してから，事務計算をはじめ，それまで人手に頼ってきたさまざまな仕事にコンピュータが使われるようになった．その間，図1.1に示すように，ハードウェアの論理素子は真空管，トランジスタ，IC（集積回路），LSI（大規模集積回路）と進化して，小型・高速化していった．こ

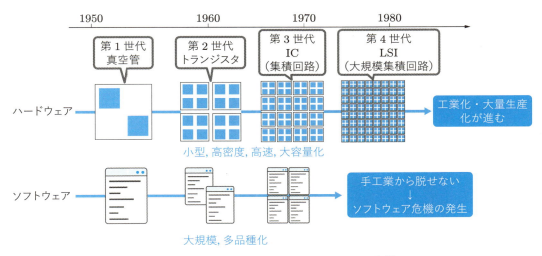

図1.1　商用コンピュータの進化とソフトウェア危機

れにより，大きなプログラムを処理できるようになり，コンピュータの需要が高まった．これにともない，ソフトウェアの規模が急速に拡大したが，開発が間に合わず，開発スケジュールがしばしば遅れるようになった．また，ソフトウェアの品質が低下し，ソフトウェアトラブルが発生して社会問題にまでなった．さらに，ソフトウェアの開発と保守に要する費用が増大して，コンピュータの経費に占める割合が大きくなった．こういった状況の中で，1968 年に NATO 主催の国際会議が開かれ，このような状況を「ソフトウェア危機」とし，これに対処するための「ソフトウェア工学」の研究開発の機運が高まった．

「ソフトウェア危機」が生じた大きな要因はサービスの多様化にある．同じサービスを提供するコンピュータが大量に必要であれば，ハードウェアよりもソフトウェアのほうが簡単にコピーを作ることができるので，むしろハードウェアの生産が間に合わなくなる．しかし，多様なサービスが必要になると，サービスごとにソフトウェアを設計開発しなければならなくなり，ソフトウェアの設計開発技術者が不足し，開発が間に合わなくなる．また，図 1.1 に示したように，ハードウェア開発がいち早く工業化され，小型・高密度・高速・大容量の高性能ハードウェアの大量生産に成功したのに対して，ソフトウェア開発は手工業的な開発のままであったため，多品種の大規模ソフトウェアの開発要求に応えられなかった．

1.2 大規模ソフトウェアがもたらす問題

ソフトウェアの規模が大きくなると，銀行や証券取引所のシステムダウンのように，社会問題を引き起こすことがある．

大規模ソフトウェアの開発で生じる問題は，規模により変化するさまざまな側面から考える必要がある．その側面とは，図 1.2 のように，生産物，人，時間，社会的役割の 4 つである．

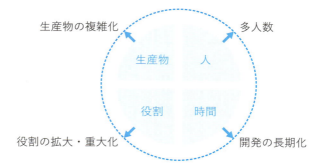

図 1.2　プログラムが大きくなるに従って拡大する諸問題

1.2.1　生産物の増加により生じる問題

扱えるプログラムの大きさやデータ量に制約がある場合，プログラムが大きくなる

と，いままで使っていたツールが利用できなくなることがある．また，プログラムの分析に要する時間や実行時間も増大し，要求時間内に終了できない場合も生じる．このようなメモリ量や実行時間の問題は，ハードウェアの大型・高速化により軽減されてきたが，それだけでは対応できないような問題も多い．

　一般に，大きくなったプログラムは複雑化し，全体の見通しが悪くなり，詳細まで把握することが困難になる．そうなると，プログラムの誤りを見つけることは当然難しくなる．さらに，大規模化にともない機能も増えて，各機能が相互に影響を及ぼすこともある．このため，多数のプログラムの相互関係を正しく保つことや，プログラムとドキュメントとの関係を維持することなども難しくなる．これは，とくにプログラム修正時に影響が大きい．

1.2.2 人員増により生じる問題

　ソフトウェアには，図 1.3 に示すように，さまざまな人が関係している．開発を依頼する側には，利用者や購入する**顧客**がいる．依頼に応えて開発する側には，プロジェクト管理者，設計担当者，開発担当者，運用担当者，保守担当者などがいる．また，両者のあいだには，ソフトウェアを供給する販売担当者や新しいソフトウェアの開発・販売を企画する企画担当者などがいる．

　小規模なソフトウェアでは，顧客と利用者が同一である場合や，設計担当者，開発担当者，保守運用者が同一である場合もある．ソフトウェアを自作して使うような場合は，これらすべてが同一人物になる．

図 1.3　ステークホルダー：大規模ソフトウェアにかかわる人々

　一般に，ソフトウェアの規模が大きくなると，上記のような利害関係者（**ステークホルダー**という）の数が増える．ステークホルダーは，それぞれ立場が異なるため，表 1.1 に示すように，異なる視点をもつ．

　このような視点の違いに加えて，ステークホルダーごとに日常使う用語や経験の違いがあるため，意思疎通が不十分となり互いに誤解が生じることがある．また，同じ開発担当者であっても，人数が多くなり担当が細分化されたときに，開発詳細の資料が不足していたり，あいまいに書かれていたりすれば，引き継ぎや増員もうまくいかない．開発が進行して後から問題が見つかれば，初期段階にさかのぼって開発をやり直すことになる（**手戻り**という）．問題の発見が遅くなればなるほど，やり直す作業量が増える（手戻りが大きくなるという）．結果として，開発が遅れて開発費が増大

表 1.1　ステークホルダーによる視点の違い

ステークホルダー	視　点
利用者	欲しい機能がある/使いやすい/速い/安い/ハードウェアに対する制約が少ない
企画担当者	高い収益が見込める/適用領域が広い/多くの利用者に受け入れられる
開発担当者	短期間で開発できる/以前開発したプログラムを再利用できる/自分の技術を活用できる
運用担当者	操作が簡単である/サービス時にトラブルが発生しにくい
保守担当者	トラブル発生時に原因究明と修復が容易である/変更が容易である

する.

1.2.3　長期化により生じる問題

　開発期間が長くなると，顧客からの要求事項や各担当者など取り巻く環境が変化することがある．たとえば，図 1.4 に示すように，開発が始まってから，利用者や顧客が新たな機能を要求してきたり，開発担当者が途中で交代したりする場合がある．要求事項を追加・変更すれば，手戻りが生じ，また，担当者の交代は，引き継ぎの時間や新しい担当者が業務になれるまでの時間が必要となり，開発コストが増大する．

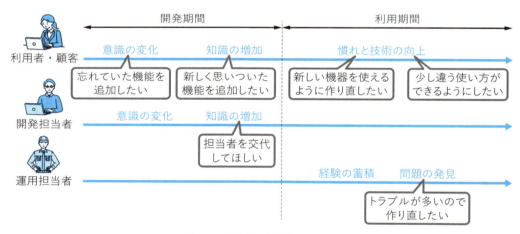

図 1.4　長期化により生じる問題

　利用期間が長くなれば，環境変化により新たな要求が生じて変更が必要になることがある．また，新技術の誕生により，実現方式の変更や利用形態の変更が望まれることがある．このような場合にも，すでに開発して利用しているソフトウェアに改修を施すことになり，改修に必要な資料が揃っていなければ，利用中のソフトウェアを分析するための時間が必要となる．改修ができなければ，新規開発となってしまう．

1.2.4 社会的役割の変化により生じる問題

大規模ソフトウェアを利用できるようになると，コンピュータの応用領域が広がり，それまで人手に頼っていたさまざまな業務にコンピュータが用いられるようになる．このような状況になると，コンピュータは社会的に重要な役割を果たすようになり，小さなトラブルも社会に大きな影響を及ぼす．このため，ソフトウェアの信頼性向上が不可欠となり，システムの品質基準が高くなる．これに応えようとして開発期間やテスト期間が長くなれば，開発経費が増大する．さらに，不具合があっても，システム全体を停止できない，あるいは，停止させるために許される時間がきわめて短いという問題を抱えたシステムも存在する．たとえば，銀行業務のオンラインシステムは，短時間でもシステムを停止させると経済的な混乱をまねく．このようなシステムでは，不具合の影響を局所的に保ちつつ，短期間に不具合を見つけて修復できるように開発する必要がある．

近年では，デジタルトランスフォーメーション（DX）の浸透が，ビジネスにおけるソフトウェアの役割を変化させている．DXとは，デジタル技術を前提としてビジネスを創出・展開し，顧客価値を創造することである．DXを支えるソフトウェアシステムの運用は，自社に設置した機器で，システムの運用を自前で行うオンプレミス型から，クラウド上のサーバなどで提供されるサービスを利用するクラウド型に変化している．個人においても，アプリケーションソフトウェアを購入し，機器にインストールして利用するという形態から，インターネットに接続可能なデジタルデバイスを介してクラウド上のサービスを利用する形態に大きく移り変わっている．このように，企業レベルでも個人レベルでも，ソフトウェアを所有するという意識は薄れつつあり，定期的に費用を払ってソフトウェアを利用するサブスクリプションビジネス（サブスクビジネス）が主流となっている．

サブスクビジネスでは，利用者の負担する初期費用がほぼゼロであり，サービス利用のハードルが低い．このため，サービス提供者からすれば，利用者を確保しやすいという利点がある．さらに，利用者がサービスを使い続ける限り，継続的な収入が見込める．ただし，競合するサービスに乗り換えるための利用者負担費用（スイッチング・コスト）もほぼゼロであるため，絶えず魅力的なサービスを提供する必要がある．また，通信速度の向上や生活スタイルの変革により，サービス提供の初期には想定していなかった利用者の要望や利用環境の変化は発生する．このような状況において，ソフトウェアサービスのサブスクビジネスを成功させるためには，利用者の要望をいち早く把握し，その変化に合わせてソフトウェアを改修し続けることが重要である．

1.3 問題解決への取り組み

ソフトウェア危機からの脱出を目指して誕生したのが**ソフトウェア工学**である．このため，大規模ソフトウェア開発における問題解決への取り組みをソフトウェア工学

といっても過言ではない．IEEE標準化委員会の用語集（IEEE Std 610.12-1990）では，ソフトウェア工学を次のように定義している．

(1) 体系的・学問的・定量的手法をソフトウェアの開発・運用・保守に応用すること，すなわちソフトウェアへの工学の適用である．
(2) (1)のような手法の研究である．

ここでは，前節で述べた問題に対する取り組みとして，7つの観点からソフトウェア工学のさまざまな技術やツールに共通した基盤となる考え方を紹介する．

1.3.1 分割統治法と構造化

図1.5のように，古くから為政者は，領土をいくつかの小さな地域に分割し，それぞれに代理人を置いて治めてきた．この考え方は，ソフトウェア開発でも有効である．すなわち，そのままでは扱いが困難な大きな問題を小さな問題に分割し，それぞれに対する解をまとめて，本来の問題に対する解を得る方法である．これを**分割統治法**という．分割統治法に基づく問題解決アルゴリズムや，ソフトウェア開発の方法論は早くから数多く提案されている．

また，図1.6のように絡み合った複雑な構造も，ほぐして細かく分けて考えれば構造を理解できる．このように，大きな問題を小さな要素に分割し，要素間の関係をわかりやすく整理することを**構造化**という．ソフトウェア工学では，大きなプログラム

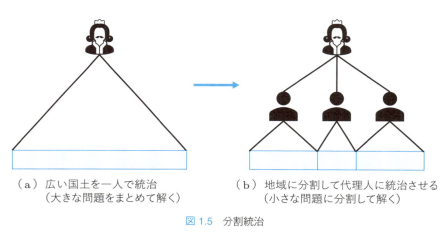

図1.5　分割統治

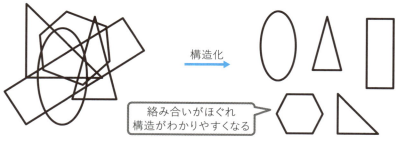

図1.6　構造化

でも全体を見通しよく記述して，誤りが起こりにくくなるようにするため，分割統治の単位となる小さな問題に対応するプログラムのあり方や，プログラム相互の論理的な関係のあり方（プログラムの構造）について議論されてきた．また，分割の方法や分割したプログラムの記述方法について，ソフトウェアの設計開発における重要な概念や方法論としてまとめられている．さらに，これらに基づいて実際にプログラムを作成するために必要な高水準なプログラミング言語が多数開発されて実用化されている．これらの基礎となる概念は，プログラミングの作業だけでなく，プログラム作成前の問題の分析や設計段階の作業にまで広がっている．その結果，これらの作業のために種々の方法論が提唱され，さらにそれぞれの方法論に沿って作業を進めるためのツールが開発されている．

1.3.2 抽象化とモデリング

分割統治法や構造化とともに，大きく複雑な問題の見通しを良くする取り組みとして，抽象化がある．

抽象化とは，図 1.7 に示すように，見た目がさまざまな家も，屋根，壁，扉，窓のように，共通する要素をもつものとして同様に扱うことである．このように，抽象化とは，対象とする事物から本質的でない部分を取り除き，いくつかの事物に共通なものを抜き出すことである．ソフトウェアに対する抽象化では，検討すべき項目に関連する主要なものを抜き出して記述する．記述したものをモデルといい，モデルを作成することをモデリングという．

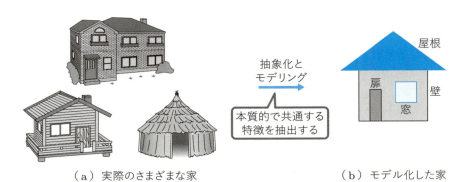

（a）実際のさまざまな家　　　　　　　　　（b）モデル化した家

図 1.7　抽象化とモデリング

モデルは，その項目に対してソフトウェアがもつ性質を浮かび上がらせて可視化する．すなわち，検討項目だけをモデルとして図式化すると，大きく複雑なシステムであっても，その詳細にとらわれずに，モデルに基づき検討できる．「どのようなソフトウェアを開発すべきか」「どのようにソフトウェアを開発すべきか」「どのように利用できるようにすべきか」など，それぞれの検討項目ごとに，そのソフトウェアのモデルを作成する必要がある．また，同じような項目であっても，視点が異なる場合には，他との比較を容易にするために，視点ごとにモデルを作成すべきである．このよ

うな観点をふまえて，これまでに，ソフトウェア開発の各工程においてさまざまなモデル作成手法が提案・開発されている．

1.3.3 要求工学

　開発システムがどのような制約のもとで，どのようなサービスを提供するかを定めたものを，そのシステムに対する**要求**という．開発前に要求が明快かつ詳細に決められて厳密に文書化できていれば，1.2節で挙げた問題を回避できる．たとえば，プログラムは膨大であっても，提供すべき機能が要求として簡明に記述されていれば，要求をもとにシステムを調べる際に全体を見通しやすい．また，早期に要求を明確に定めておけば，システム開発にかかわる人が増えても，要求に基づいて作業を進めていくことができ，開発途中で誤解が生じにくい．

　しかし実際には，要求を明快・詳細・厳密に記述することは容易ではない．また，どのようなシステムを開発すべきかを考えても，自然に要求を記述できるわけではない．このように，要求を作り出すためには，システムのサービスと制約を探り出し，分析し，文書化し，検査するという一連の作業を綿密に行う必要がある．このような作業を系統的に行う学問体系を**要求工学**という．ソフトウェア危機が最初に叫ばれたときにも，ソフトウェア開発プロジェクトの失敗の原因として要求が十分に記述されていないことが挙げられた．その後，構造化分析など，系統的な作業により要求を作り出す手法が次々と提案され，それらの手法に基づくツールが開発された．

　1980年代までは，システムの実現方法（どのように作るべきか）ではなく，システムの目的（何を作るべきか）を分析し，その結果に基づいて要求を定めるべきであるとされ，そのための分析ツールが主に開発されてきた．しかし，近年では，「何を作るか」だけでなく，「どのような構造にするか」「どのように使うか」についても，要求をまとめて早期に定めるべきとされている．

1.3.4 追跡可能性（トレーサビリティ）

　ソフトウェアの設計開発では，「何を作るべきか」「どのように作るべきか」を検討し，さまざまな問題に対して設計上の判断を次々にくだしていく．一般に，このような設計判断では，考えられる複数の解を並べて比較し，最善のものを選択する．このとき，重視することによって判断結果は異なるが，基本的な設計方針と制約条件に基づいて，適切な判断をくださなければならない．一貫性のあるシステムを開発するためには，「どのような判断をしたのか」「なぜ選択したのか」を明確な文書として残し，後から追跡して確認できるようにしておく必要がある．

　このように設計判断を追跡できるようにすることを**追跡可能性**（またはトレーサビリティ）といい，大規模ソフトウェアでステークホルダーが多数いる場合にとくに重要になる．追跡可能である（追跡可能性がある）とは，たとえば，プログラムの不具合を見つけたときに，図1.8に示すように，そのプログラムから設計仕様書へ，さらに設計仕様書の記述箇所から要求仕様書へ，必要ならば，その要求仕様書を定める元

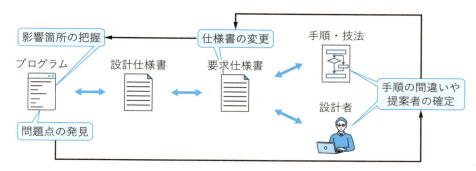

図 1.8　追跡可能性（トレーサビリティ）

となった手順・技法や設計者などまでへと辿ることができるようにすることを意味する．また，要求仕様書を変更したい場合に，変更箇所から対応する設計仕様書やプログラムへ辿ることができるようにする．このためには，意思決定したときにはつねに確認作業を行うことが必要になる．また，設計判断の結果を記録に残すときには，解釈の違いが生じないように，できるだけ厳密に記述する必要がある．さらに，ステークホルダーそれぞれの視点からソフトウェアを捉えることができなければならない．このような点を考慮して，要求分析の結果を厳密化，図式化する手法が開発されている．また，設計開発の各工程で図表と文書を用いて仕様化する技術が開発されている．

1.3.5　経験の蓄積と再利用

業務がマニュアル化されていると，初心者でも比較的短時間に，一定のサービスを提供できるようになる．ソフトウェア開発では，さまざまな人が関係しながら多くの知的活動を行うので，マニュアル化することは難しい．しかし，いろいろな成功したソフトウェア開発プロジェクトの進め方を調べれば，共通点を抽出し，効果的な方法論として整理できることがある．

図 1.9 のように，ソフトウェア開発の経験は，共通化して蓄積され，集約化されて，次の開発に再利用される．研究者や実務者により，ソフトウェア開発全体，あるいは，一部の作業について作業を進めるための方法論が提案され，その方法論に従って作業を進めるためのツールが開発・提供されている．これらのツールにより，提案された方法論が実際に使われて効果が認められると，利用するプロジェクトが増える．同一組織内で共通に利用されることもある．多くの組織で効果が認められた方法論は，より多くの組織で利用され，改良が加えられながらパターン化・標準化されていく．

このようにして手法とツールが共通化され，途中結果を共有して共通の認識が得ら

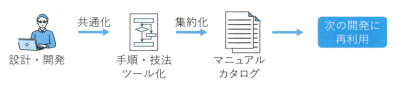

図 1.9　経験の蓄積と再利用

れるようになると，多数の担当者が協力して開発することが容易になる．また，図 1.9 のように，集約化により手法や成果物がマニュアルやカタログなどとしてまとめられ，それぞれの利用方法や制約などが明示されれば，次の開発でカタログから選んで容易に再利用できる．

■ 1.3.6　系統的な評価と管理

多数の関係者の協力により大規模なソフトウェアを作り上げる場合，一人で小さなプログラムを作るときのように場当たり的な工夫するだけでは，決められた期日までに品質の高いソフトウェアを開発できない．一方，実用的な大規模ソフトウェアに対して自動的に誤りを検出し，正しいプログラムを作り出すことは不可能なので，妥当性を調べるテスト作業が必要になる．しかし，やみくもに動作テストを重ねても，時間を費やすだけで誤りを減らすことはできない．このため，プログラムを系統的に調べて効率よく誤りを減らすための方法論と具体的な技法が必要になる．これまでに，プログラムの妥当性を検証する技術や，プログラムを系統的にテストする技術が各種提案され，具体的なツールも多数開発されている．

期日までに高品質なソフトウェアを開発するためには，まず開発に必要なコストを正しく見積もって開発の進め方の妥当性を調べたうえで，綿密な計画を立てる必要がある．また，開発開始後は，プロジェクトが計画どおりに進んでいるかを適宜確認し，遅れなどの問題が生じそうな場合には，事前に察知して対策を施す必要がある．このような開発ソフトウェアのコスト見積もりや系統的に進捗具合を調べる技術は，プロジェクト管理の重要な要素として開発されている．

■ 1.3.7　反復とフィードバック

ソフトウェアがさまざまな社会活動を支えるようになることで，ソフトウェア開発のもつ不確実性が高まっている．ソフトウェアに対する要望やソフトウェアの利用環境は社会情勢やビジネス環境によって絶えず変化し，ソフトウェアはそれらに追従する必要がある．また，必要な機能を決められた期間中に作成できる保証はなく，不具合の修正に大幅に時間を費やすこともある．また，必要なスキルをもつ開発者を雇用し続けられるのかもわからない．

1.3.1 項で述べた分割統治法や構造化，1.3.2 項で述べた抽象化とモデリングによってソフトウェアの複雑さに対処できる．ただ残念ながら，これらの方法ではソフトウェア開発のもつ不確実性に対処することは難しい．不確実性に対処する際に有効な方法のひとつが，反復とフィードバックである．たとえば，顧客や利用者に対していち早く動くソフトウェアプロダクトを提供し，顧客や利用者からのフィードバックを積極的に取り入れることで，真に必要なソフトウェアを作り上げることができる可能性は高まる．また，開発プロセスを短いサイクルの繰り返しで構成し，振り返りの機会を多く取り入れれば，進捗に合わせて臨機応変に開発計画を見直すことができる．これにより，想定外の事象にも対応できる可能性が高まる．反復とフィードバックを合わ

せて，**フィードバックループ**ということもある．

反復とフィードバックは，知識創造にも大きく貢献する．SECI（セキ）モデルは，知識が発生してから成長し続ける過程を，暗黙知と形式知の相互の流れで捉えたモデルである．暗黙知とは，個人や組織の中に，目に見えない形で存在する知識である．これは文書化が難しく，主観的で身体的な経験に基づき獲得される．たとえば，より良い設計を行う開発者は，自身の成功体験や失敗体験に基づき，より高いスキルを身に付けている．一方，形式知とは，言語により形式化された知識であり，言葉や文章で表現できる．1.3.5 項で取り上げた，カタログとしてまとめられた成功例は形式知のひとつである．

1.4　本書の構成

本書では，1.3 節で述べた大規模ソフトウェア開発にかかわる問題解決への取り組みによりこれまで開発されてきた技術を体系的に紹介する．第 2，3 章では，ソフトウェア開発における作業の流れとプロジェクトの遂行を調べ，ソフトウェア開発の全体像を把握する．第 4 ～ 11 章では，ソフトウェア開発の流れに沿って，各開発段階における基本的な考え方と技術を紹介する．すなわち，要求分析（第 4 ～ 6 章），設計（第 7 ～ 8 章），実装（第 9 章），テスト・検証（第 10 章），運用・保守（第 11 章）の 5 つの工程を順に説明する．実際のソフトウェア開発では，第 2 章で述べるように，これらの工程が入り組んでいたり，各工程を繰り返したりすることがある．このような場合でも，各工程の技術的な課題と取り組みについて理解を深めておけば，開発の流れを理解することが容易になる．第 12 章では，ソフトウェア開発の生産性と信頼性の向上を目的とした再利用技術を説明する．最後の第 13 章では，近年のソフトウェア開発で主流になりつつあるアジャイル開発を取り上げる．

1.3 節の問題解決への取り組みは，ひとつの工程だけでなくいくつかの工程にかかわるものであり，ソフトウェア工学全体の基盤となるような考え方である．本書では上に述べたように，主に開発工程に沿って技術の紹介を展開するため，これらの取り組みを，表 1.2 に示すように，それぞれ関連した章でとりあげる．各章でそれぞれの工程のために開発された手法やツールに出会ったときに，本章を振り返って，それらの手法やツールを本章の各項目と関連付けて考えることにより理解を深めていただきたい．

また，本書を第 1 章から順番に読み進めると，図 1.10 の実線矢印に従って課題の認識からはじめて，全体の理解，各工程・要素技術の理解へとつなげていくことできる．一方，各章は比較的独立性の高い記述とし，また他の章の内容を参照する場合は参照箇所を明示しているので，読者は自分の必要な章を選んで，そこから読み始めることもできる．第 13 章は，各工程におけるさまざまな技術を理解したうえで読むと理解しやすい．

表1.2 本書の構成

章	取り組み	分割統治と構造化	抽象化とモデリング	要求工学	追跡可能性	経験の蓄積と再利用	系統的な評価と管理	反復とフィードバック
2	ソフトウェア開発工程		ソフトウェアプロセスモデル			開発工程のモデル化	開発の系統的な進め方のモデル化	スパイラルモデル
3	プロジェクト管理		工数見積もりモデル			プロジェクト管理知識体系とプロジェクト管理手法	系統的な進捗状況評価と管理	
4	要求分析		要求モデル、分析モデル	要求分析の役割と作業	要求の仕様化			
5	構造化分析	機能の分割	分析モデル	機能要求の分析手法	分析設計結果の仕様化	要求分析の手法とツール		
6	オブジェクト指向分析	オブジェクトへの分割	分析モデル、設計モデル	要求分析手法	分析設計結果の仕様化	要求分析の手法とツール		反復的・漸増的開発
7	アーキテクチャ設計	基本構造の設計	アーキテクチャ様式（モデル）	非機能要求の分析	構造設計の一貫性	アーキテクチャの様式とカタログ、モジュール分割基準		
8	モジュール設計	モジュールの分割	設計モデル					
9	プログラミング	構造化プログラミング				プログラミングパラダイムとプログラミングスタイル		
10	テストと検証					テスト技法と検証技術	プログラム妥当性の系統的な評価	
11	保守と進化				変更影響範囲の分析		ソフトウェアの再構成	
12	再利用	部品・コンポーネント	モデル重視共通化			再利用の方法論パターン	再利用	
13	アジャイル開発		ドメイン指向				系統的なリリース	継続的コミュニケーション重視

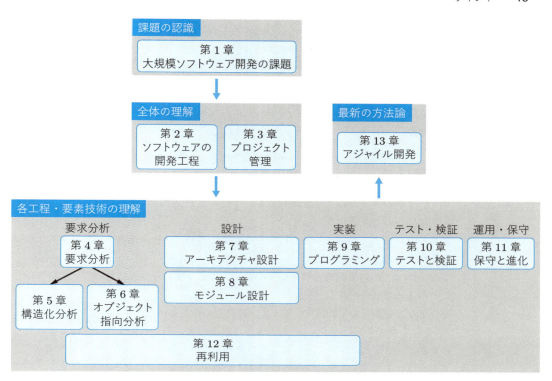

図 1.10 本書の読み方

ポイント

- 1960 年代後半，急速に拡大した大規模ソフトウェアの需要に応えられるソフトウェア技術と開発体制ができあがっていなかった．このため，開発が間に合わない，ソフトウェア開発費が急増するなどの問題が生じた．これを**ソフトウェア危機**といい，対処するためにソフトウェア工学が誕生した．
- 開発すべきプログラムが大きくなると，ソフトウェアにかかわる人々（**ステークホルダー**），開発期間と利用期間，社会的役割が増大する．これらは，それぞれソフトウェア開発において新たに考慮すべき問題を引き起こす．
- 大きく複雑なソフトウェアの取り扱いを容易にするうえで基本となる重要な概念に，**分割統治法**と**構造化**，および，**抽象化**と**モデリング**がある．
- ソフトウェア開発を成功に導くうえで，多数のステークホルダーがそれぞれ抱く**要求**を分析して明快な形にまとめあげることが重要である．
- ソフトウェア開発では，設計上の判断を次々にくだしていくため，判断の理由と結果を明確で誤解を与えない文書として残し，後から追跡し確認できるようにしておくこと（**追跡可能性**）が，一貫性のあるシステムを開発するうえで重要である．
- 研究者や実務者が，ソフトウェア開発プロジェクトの進め方を分析して新しい方

14 第1章 大規模ソフトウェア開発の課題

法論・手法・ツールを提案してきた．これらの多くは，このように経験が蓄積されて作られたものである．

● ソフトウェアそのもの，および，開発プロジェクトの進捗状況の妥当性を評価して効率よく問題を抽出するうえで，系統的な評価と管理が重要である．

● ソフトウェア開発のもつ不確実性に対処するためには，反復とフィードバックを合わせた**フィードバックループ**を取り入れることが重要である．

演習問題

1.1 ステークホルダーとは何かを説明せよ．また，ステークホルダーが増えたときに生じる問題について説明せよ．

1.2 ステークホルダーが増えたときに生じる問題に対して，抽象化とモデリングにどのような効果があるかを説明せよ．

1.3 ソフトウェアの開発期間と利用期間の長期化により生じる問題に対して，追跡可能性にどのような効果があるかを説明せよ．

1.4 ソフトウェア開発の早い段階で要求を明確に定めておくべきとする理由を説明せよ．

1.5 「何を作るのか」だけでなく，「どのような構造にするのか」および「どのように使うのか」ということについても早期に定めておくべきであるとする理由を説明せよ．

1.6 ソフトウェア開発に反復とフィードバックを取り入れる利点を説明せよ．

第2章 ソフトウェアの開発工程

keywords

ソフトウェアプロセス，ウォータフォールモデル，レビュー，進化型プロセスモデル，プロトタイピング，スパイラルモデル，イテラティブ開発プロセスモデル，インクリメンタル開発プロセスモデル，アジャイルプロセスモデル

　大規模プログラムの開発を成功させるためには，大勢でプロジェクトを組んで，歩調を合わせて作業を進める必要がある．プロジェクトでは，「どのような手順で進めるのか」「どのような道具を使うのか」「どの段階でどのようなものを作って引き継ぐのか」などをあらかじめ定めて，メンバー全員が理解しておかなければならない．これまでの成功と失敗の経験から，いくつかのソフトウェア開発モデルが提唱されている．

　本章では，その代表的なモデルを紹介し，それぞれの特長と問題点を説明する．

2.1　ソフトウェアの開発工程とは

　ソフトウェア開発の各作業工程を開発プロセスといい，開発工程全体を**ソフトウェアプロセス**という．ソフトウェアプロセスを定めると，各工程の作業と次の作業に引き継ぐための**プロダクト**（文書，図表，プログラムなど）が決まる．主な開発工程は次のようになる．

(1)**要求分析**　作るべきソフトウェアを明確にして，要求仕様を定める工程．顧客や利用者の考えている要求を引き出して，開発者の視点から実現性，コスト，開発期間の妥当性を検討して，仕様を記述する．

(2)**設計**　設計工程は，基本設計と詳細設計の2つに分けられる．**基本設計**（外部設計，システム設計ともいう）は，外部からシステム全体をみた仕様を設計する．具体的には，全体の骨格となる基本構造（**アーキテクチャ**），**ユーザインタフェース**，ソフトウェアが実現すべき機能を設計して，基本設計仕様（外部設計仕様，システム設計仕様ともいう）を定める．**詳細設計**（内部設計，プログラム設計ともいう）は，基本設計仕様に基づいてモジュール構造を設計し，詳細設計仕様（内部仕様，プログラム仕様ともいう）を定める．

(3)**実装**　プログラミング言語を用いて要求仕様や設計仕様にあったプログラムを記述（コーディング）する工程．

(4)**テスト・検証**　正しく動作するかを調べるために，コーディングしたプログラ

ムのテストを行う工程．テストには，プログラム単位で行う単体テスト，複数のプログラムをまとめて行う結合テスト，システム全体で行うシステムテスト，開発完了後に開発依頼元が行う受け入れテストがある．

(5) **運用・保守**　ソフトウェアを運用し，維持管理する工程．運用時に不都合が生じた場合に，ソフトウェアに修正・変更を加える．さらに，運用に先立ち，運用マニュアル，操作説明書，保守マニュアルも作成する．

　開発プロジェクトで定めたソフトウェアプロセスによって，ソフトウェアが利用可能になるまでの期間や開発経費などが大きく変わる．そのため，さまざまなソフトウェアプロセスモデルが提案されている．

　各プロジェクトでは，開発前に標準的なモデルをベースに各プロジェクトに適したソフトウェアプロセスモデルを定める．このようなモデルは，プロジェクトが予定どおり進行しているかを管理するときにも用いられる（プロジェクト管理については第3章で述べる）．次節以降では，代表的なプロセスモデルを紹介する．

2.2　ウォータフォールモデル

　ウォータフォールモデルは，初期に開発された伝統的なソフトウェアプロセスモデルである．簡明でわかりやすく，多くの開発現場で採用されてきた．開発プロジェクトによっては，現在でも用いられている．

2.2.1　開発手順

　ウォータフォールモデルでは，上から下に水が流れ落ちる滝（ウォータフォール）のように，要求分析から設計（基本設計，詳細設計），実装，テスト・検証，運用・保守までの工程を1つずつ順に辿る，トップダウンな開発である（図2.1）．各工程では，作業結果を**仕様書**としてまとめて，次の工程に引き継ぐ．各工程の名前を付け

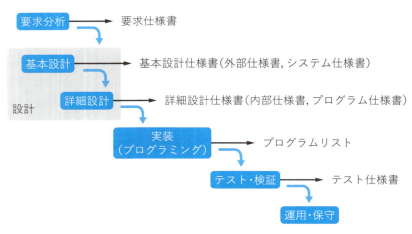

図2.1　ウォータフォールモデル

て，要求仕様書，基本設計仕様書，詳細設計仕様書，テスト仕様書という．

ウォータフォールモデルの重要なポイントは，明確に区切られた各工程で仕様書を作り，さらに仕様書を見直して問題点を抽出して修正することである．各工程での仕様書の見直しである**レビュー**は，次の工程に問題を残さないようにするための大事な作業である．また，工程ごとにレビューが行われるため，「いつどの工程まで進んだか」「予定どおりにプロダクトができあがったか」などを把握でき，プロジェクト管理が容易になる．

ウォータフォールモデルでは，図2.2に示すように，テスト・検証工程が，単体テスト，結合テスト，システムテスト，受け入れテストに分解でき，これらは作成プロセスと対応付けることができる．これをV字モデルという．

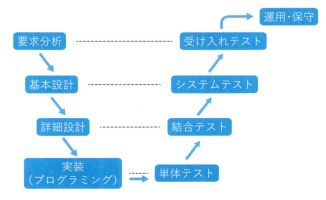

図2.2 ウォータフォールモデルのテスト・検証プロセス

一部のプログラムができると，まず，1つのまとまった小さなプログラムのかたまり（モジュールという）を単位として，動作確認する（単体テスト）．次に，複数のモジュールを結合して全体として動作確認する（結合テスト）．さらに，完成したプログラム全体で動作確認する（システムテスト）．最後に，顧客が要求仕様に適合しているかを調べる（受け入れテスト）．

ウォータフォールモデルは，作業を的確に捉えられ，わかりやすいモデルであるため，このモデルをベースにしたソフトウェアプロセスが多くの人に使われている．すでに類似のソフトウェアの開発経験がある，あるいは，要求仕様が明確である大規模ソフトウェア開発の場合に適している．

2.2.2 ウォータフォールモデルの問題点

ウォータフォールモデルでは，各工程で行うレビューにより，次の工程に問題を残さないようにする．レビューで問題を発見できず，後続のプロセスで問題が露見したときには，問題の原因となった工程に戻って作業をやり直す**手戻り**が発生する．手戻りが大きければ，修正に要するコストは必然的に大きくなる．残念ながら，以下のような理由により，手戻りを完全になくすことは難しい．

(1) 要求を明確に記述することは難しい．顧客の要求はあいまいであり，顧客の意図を十分に理解できずに，誤解した要求仕様になってしまうことがある．

(2) システムがない要求分析時に，完成を思い描いて必要な機能や使いやすいユーザインタフェースを定めたりすることは難しい．このため，利用してみてはじめて，期待していた機能と違うことに気づくことがある．

(3) 開発の初期の段階で，すべてを見通して開発すべき機能を定めるのは難しい．開発者が，実装方法を詳細に検討したときにはじめて，実現困難な機能であることに気づくことがある．

(4) 開発期間が長くなれば，環境変化により新たな要求が生じて変更が必要になることがある．また，新技術の誕生により，実現方式の変更や利用形態の変更が望まれることがある．

ウォータフォールモデルでは，開発の初期段階で要求仕様を決定するため，途中で問題が生じた場合，要求仕様までさかのぼって変更し，開発をやり直すことになる．しかし実際には，大幅な手戻りの発生を防ぐため，各工程で仕様を作成してレビューが終わると，仕様を凍結し，それ以降の変更依頼は基本的に認めないという方策をとることが多い．これでは，手戻りを減らすことができても，顧客の要求を十分に反映させたシステムを作成できない．

2.3 進化型プロセスモデル

ウォータフォールモデルの問題点を解消するため，**進化型プロセスモデル**が提案されている．プログラム作成を繰り返してゴールに向かうため，進化型（あるいは発展型）という．このモデルでは，図2.3に示すように，初期段階（要求分析）で実行可能なプログラム（第1バージョン）を作成する．そして，実際に動作させて機能を確かめ，ユーザの意見を聞いて改善を図ったプログラム（中間バージョン）を作成する．この作業を繰り返すことにより，最終的なプログラム（最終バージョン）の完成度を高める．このように開発工程を繰り返すことで，ソフトウェアを進化・成長させるのである．進化型プロセスモデルは要求の変化に対応するので，実際のソフトウェア開

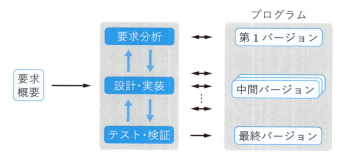

図2.3　進化型プロセスモデル

発に適している．しかし，工程を何度も繰り返すので，開発に必要な工数や費用の見積もりが難しいという問題がある．

進化型プロセスモデルにおいて，途中で作成するプログラムを**プロトタイプ**といい，その作成をともなうソフトウェア開発プロセスをプロトタイピングという．プロトタイピングは，使い捨て型と進化型に分けられる（図 2.4）．

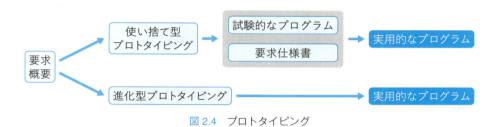

図 2.4　プロトタイピング

2.3.1　使い捨て型プロトタイピング

使い捨て型プロトタイピングでは，システムの開発を始める前に問題点を抽出することを目的として，プロトタイプを作成する（評価後にプロトタイプは捨てる）．顧客の要求があいまいな場合，その部分のプロトタイプを作成し，顧客に機能や使い勝手を確かめてもらう．これにより，早めに問題点を抽出し，大幅な手戻りを回避できる．

図 2.5 に示すように，使い捨て型プロトタイピングにより，ウォータフォールモデルを拡張することは容易である．要求分析の工程で，一部の機能についてプロトタイプを開発している．これにより，要求定義や設計上のとくに重要な部分を評価して，計画どおりに開発を進めても致命的な問題が発生しないかを確認している．

使い捨て型プロトタイピングにおいてプロトタイプを作成する目的は，問題の抽出や使い勝手の確認である．このため，最終的なシステムでは必須な機能であっても，要求仕様が自明な機能の作成を省略してよい．また，性能上の問題は気にする必要はないので，作成時間を短縮できるプログラミング言語やツールを用いて作成するのが一般的である．また，ユーザインタフェースの要求仕様を定める場合などでは，プロ

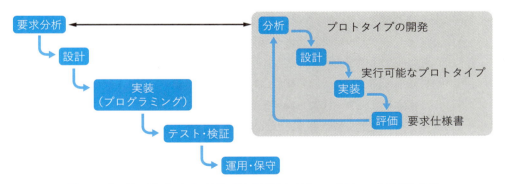

図 2.5　使い捨て型プロトタイピングを組み込んだウォータフォールモデルの例

グラムではなく，画面ベースの紙芝居のようなプロトタイプを作って顧客に評価してもらうこともある．

2.3.2　スパイラルモデル

　プロトタイプがあるからといって要求仕様書を簡略にしてしまうと，逆に設計時にプロトタイプを動作させて仕様を確認する手間が増える．また，プロトタイプとして作成する目的や機能を十分に考慮しておかなければ，プロトタイプでは確認しなかった機能で後から問題が発生し，結局手戻りが生じる．

　このような問題に応えるために，ベーム（Barry W. Boehm）が提案したのが**スパイラルモデル**である．このモデルは，リスクの観点からソフトウェアプロセスの改善を図る．このため，図 2.6 に示すように，次の 4 項目からなるフェーズを繰り返して，螺旋階段を上るように段階的にソフトウェアを開発する．

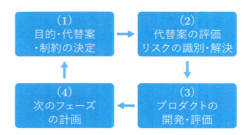

図 2.6　スパイラルモデルの基本概念

　スパイラルモデルは，要求分析と設計を進めるときに，それぞれの段階におけるリスク（危険性）を分析し，それをプロトタイプなどの利用により軽減する．さらに，次の段階への計画を見直しながら徐々に設計を進めていく．ここでいう**リスク**とは，目標の性能が出ない，ユーザが使いにくいインタフェースとなるなどの開発の失敗につながる要因である．失敗の可能性が十分小さくなるまで，図の工程を繰り返す．

　スパイラルモデルは，ソフトウェアプロセスモデルを改善するものであり，他のソフトウェアプロセスモデルと組み合わせて用いることができる．たとえば，ウォータフォールモデルと組み合わせると，図 2.7 のようなスパイラル（渦巻き）となる．さきほど紹介した図 2.5 のように，使い捨て型プロトタイピングを単純にウォータフォールモデルに組み込んだ場合には，要求分析においてプロトタイプを作成して一気に要求仕様を定めてしまう．一方，スパイラルモデルでは，図のようにリスクの分析結果に従って，一部の機能に対して机上評価，シミュレーション，プロトタイプなどにより評価する作業を繰り返す．必要な場合には，プロトタイプを繰り返し作成してリスクを少しずつ小さくし，リスクが十分小さくなると，詳細設計から実装，テストへと移行する．

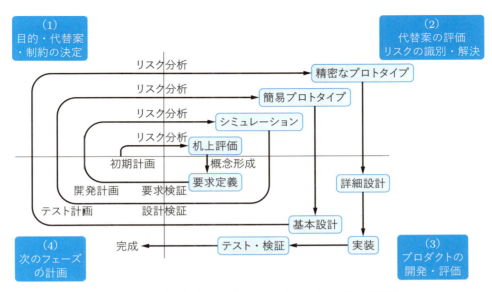

図 2.7 スパイラルモデルのウォーターフォールモデルへの適用

2.3.3 進化型プロトタイピング

使い捨てプロトタイピングではプロトタイプは捨ててしまうのに対して，プロトタイプを少しずつ修正していき，満足いくものになれば，できあがったプロトタイプをそのまま完成システムとして用いるのが**進化型プロトタイピング**である．

進化型プロトタイピングでは，最終的なシステムと同じプログラミング言語により，利用に耐えられる品質のプログラムを開発する必要がある．機能や開発効果も明らかで，技術的にも不確定なところが少ないものを優先して開発し，徐々に新しい機能を付け加えていく．このようにして，進化型プロトタイピングでは，実際に稼働するプロトタイプを利用者に提供し，それを用いて機能や性能を確認しながら開発を進める．これにより，最終工程に近づいてから要求との齟齬が発覚する可能性を抑え，大幅な手戻りの発生を防ぐことができる．

プロトタイプの改善を達成するために，分析，設計，実装，テストのサイクルを繰り返すため，進化型プロトタイピングは反復型開発といわれる．プロトタイプの改善方法の違いにより，イテラティブ（反復的）開発プロセスモデルとインクリメンタル（漸増的）開発プロセスモデルに分けられる．

(1) イテラティブ開発プロセスモデル

イテラティブとは「反復する」という意味で，図 2.8 に示すように，プロトタイプの開発と評価を繰り返して，満足できるシステムとなれば完了するモデル．少しずつ実装を変えてはユーザーに提供して意見をもらい，システム全体に繰り返し修正を加えていく．すなわち，システム全体を一度に開発し，問題があれば作り直すという作業を繰り返す．

やりとりを繰り返すことにより，あいまいなユーザーの要求も明確になり，新たな

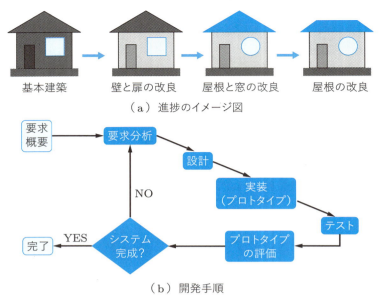

(a) 進捗のイメージ図

(b) 開発手順

図 2.8 イテラティブ開発プロセスモデル

要求に対しても柔軟に対処しながらシステムの完成度を高めていくことができる．

イテラティブ開発プロセスモデルは，ユーザーの意見に合わせて繰返し変更を行うため，プロトタイプの最終的な構造を把握するのが難しくなったり，開発した機能などに関する文書化が不十分になったりする傾向がある．これは開発後の保守作業に問題を残すことになる．

(2) インクリメンタル開発プロセスモデル

インクリメンタルとは「少しずつ増加させる」という意味で，図 2.9 に示すように，システム全体を独立性の高いサブシステムに分割し，サブシステムごとに開発するモデル．最初のサブシステムの開発を終えた後，そのサブシステムとの相互作用を保ちながら次のサブシステムを開発するという作業を繰り返す．

イテラティブ開発プロセスモデルの問題を解決するため，図 (b) のように最初に基本構造を設計して最終的な構造を把握できるようにする．このモデルでは，増加分を明記後，その実装検証を進めて既開発分と統合し，全体を検証する．これにより，繰り返しごとに計画やドキュメントが残されて，管理的な側面からの問題が解消される．

2.3.4 アジャイルプロセスモデル

アジャイル（agile）とは，「素早くかつ容易に動くことができる」という意味で，アジャイルプロセスは軽量プロセスともいう．**アジャイルプロセスモデル**は，ウォータフォールモデルのように，計画を十分に立てたうえで実施する重量プロセスに代わるものとして提唱された．軽量という言葉からわかるように，ソフトウェアに対する要求の変化やソフトウェアを取り巻く環境の変化に迅速に対応することを目標としている．そのため，開発対象を多数の小さな機能に分割して，小さい機能を短期間に開

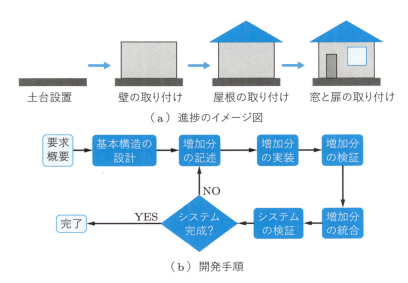

図 2.9 インクリメンタル開発プロセスモデル

発することを繰り返す．各機能の開発では，要求分析，設計，実装，テストという通常のソフトウェア開発プロセスを行い，それまでに開発した成果物に新しい機能を継続的に追加していく．これは，進化型プロセスモデルを究極的に推し進めた開発プロセスとみなすことができる．アジャイルプロセスモデルを採用したアジャイル開発については，第 13 章で詳しく説明する．

ポイント

- ソフトウェア開発の一連の作業工程全体を**ソフトウェアプロセス**といい，ソフトウェアプロセスモデルによりソフトウェア開発プロジェクトの進め方，各作業で引き継ぐプロダクト，利用するツールなどが定まる．プロジェクトでは，開発前に標準的なモデルをベースにそれぞれに適したソフトウェアプロセスモデルを定める．
- 要求分析から設計，実装，テスト・検証，運用・保守までのプロセスを 1 つずつ順に辿り，プロセスごとに作業結果を仕様書としてまとめ，レビューにより仕様書を見直すソフトウェアプロセスモデルを**ウォータフォールモデル**という．各プロセスは明確に区切られていてわかりやすく，開発プロジェクトの進捗状況の管理が容易である．しかし，開発の初期段階で要求を明確で不変なものにすることは難しく，開発が進んだ段階で問題が見つかり開発のやり直し（手戻り）が生じて完成が遅れてしまうことがある．
- ウォータフォールモデルの問題点を解消するため，開発の初期段階から実行可能なプログラム（**プロトタイプ**）を部分的に作り，実際に動作させて機能を確かめながら進めるモデルを**進化型プロセスモデル**という．問題点の抽出と要求仕様の

24 第2章 ソフトウェアの開発工程

明確化が終わるともう一度作り直す方法（使い捨て型プロトタイピング）と，プロトタイプのプログラムに追加・変更を繰り返して最終的なソフトウェアを作成する方法（進化型プロトタイピング）とがある.

● スパイラルモデルでは，開発の失敗をもたらす可能性のある要因（リスク）を分析し，それを軽減するように作業を繰り返すことでソフトウェアを開発する.

● プロトタイプを少しずつ修正していき，満足いくものになれば，できあがったプロトタイプをそのまま完成システムとして用いる**進化型プロトタイピング**には，イテラティブ開発プロセスモデルとインクリメンタル開発プロセスモデルがある. 前者は，プロトタイプの開発と評価を満足できるシステムができるまで繰り返す. 後者は，まず基本構造を設計し，その後で追加分を明記しながら少しずつ機能追加を繰り返す.

演習問題

2.1 ソフトウェア開発における手戻りとは何かを説明し，手戻りを減らす方法を列挙せよ.

2.2 ウォータフォールモデルの作業工程を説明し，問題点を列挙せよ.

2.3 使い捨て型プロトタイピングの利点を説明せよ. また，スパイラルモデルのリスク分析の観点から，図 2.5 のように使い捨て型プロトタイピングをウォータフォールモデルに組み込む場合の問題点を説明せよ.

2.4 イテラティブ開発プロセスモデルとインクリメンタル開発プロセスモデルの違いを説明せよ.

2.5 プロジェクト X と Y では，同じような大規模ソフトウェアを開発した. このとき，プロジェクト X はウォータフォールモデルを，プロジェクト Y はウォータフォールモデルに使い捨て型プロトタイピングを組み込んだモデルを用いた. 2つのプロジェクトで発生した手戻り件数を調べると，それぞれ表 2.1 と表 2.2 のようになった. これらの表の数値は，その列の工程から行の工程への手戻り件数の割合（手戻り全体に対する割合）を％で示している. たとえば，表 2.1 では，基本設計から要求分析への手戻りは15％，詳細設計から要求分析，基本設計への手戻りはそれぞれ18％，28％であったことを示している.

このとき，プロジェクト X と Y の要求分析への手戻り件数を比較して，違いを説明せよ. また，その違いが生じた原因として考えられることを述べよ.

表 2.1　プロジェクト X の手戻り件数（％）

	基本設計	詳細設計	実装	運用	合計
要求分析	15	18	3	4	40
基本設計		28	12	5	45
詳細設計			14	1	15

表 2.2　プロジェクト Y の手戻り件数（％）

	プロトタイピング	基本設計	詳細設計	実装	運用	合計
要求分析	38	2	1	1	0	42
基本設計			8	18	1	27
詳細設計				30	1	31

第3章
プロジェクト管理

keywords

開発計画，開発工数，標準タスク法，COCOMO，ファンクションポイント法，品質特性，メトリクス，CMM

　大規模ソフトウェア開発では，どのようにソフトウェアを作成していくのか事前に決めた計画を正しく遂行していくことが重要である．また，仕様，開発期間，開発予算，開発要員などが途中で変更されても，プロジェクトが滞りなく遂行できるように管理する必要がある．ソフトウェア開発プロセスの各工程において，それらの専門家が高度な知的活動を行っていることを十分認識しておくことも大切である．

　本章では，まずプロジェクト管理の概要について述べる．その後，開発工数を見積もる方法と，成果物やプロセスの品質を評価する方法について説明する．

3.1　プロジェクト管理とは

　要求を満たすソフトウェアを決められた期間で納品するために，ソフトウェア開発において，誰がどの段階で何をすればよいのかを計画する作業を**プロジェクト管理**という．これには，計画どおりにプロジェクトが進められているかを確認し，その結果に応じた対策作業も含まれる．

3.1.1　プロジェクト管理知識体系

　従来のプロジェクト管理では，QCD（quality：品質，cost：コスト，delivery：納期）を中心に考えられてきた．これに対して，米国プロジェクト管理協会（project management institute：PMI）では，必要な基本的な知識を，表 3.1 に示す 9 つの視点で体系化している．これをプロジェクト管理知識体系（project management body of knowledge：PMBOK）という．PMBOK では，プロジェクトのプロセス群を次の 5 つのグループに分類している．

(1)**立ち上げプロセス**　プロジェクトまたはプロジェクトのフェーズを定義し，認可する．

(2)**計画プロセス**　プロジェクトの目標を定め，洗練する．さらに，目標とスコープを達成するために必要な一連の活動を計画する．資源（予算，人，機器など）の調達も行う．

表 3.1　PMBOK の 9 つの視点（知識エリア）

視点	内容
統合管理	プロジェクト計画の策定, 実施, 変更管理
スコープ管理	スコープ(プロジェクトで実施される作業やプロジェクトで生成される成果物)に関する定義, 検証, 変更管理
時間管理	スケジュールの作成, 作業順序の決定, 所要時間の見積もり, 進捗管理
コスト管理	資源計画, コストの見積もりと予算化
品質管理	品質(信頼性, 使用性, 保守性など)の評価と保証
人材管理	組織構成, 開発要員の調達, チーム編成や育成
コミュニケーション管理	情報の共有化, コミュニケーションの確立, 実績報告
リスク管理	リスクの洗い出し, リストの定量化, リスク対策
調達管理	機器の調達, 発注先の選定, 契約

(3)**遂行プロセス**　プロジェクト計画を実施する．スコープの検証や品質の保証も行う．

(4)**制御プロセス**　プロジェクト計画との差異を認識するために, 実績報告や進捗の測定を行う．変更管理やリスク対応も行う．

(5)**終結プロセス**　契約の完了手続きを行い, プロジェクトを終了する．

　日本国内では, 一連の開発工程や取引のプロセスを明確化し, ベンダー（製品を製造あるいは販売する会社）や顧客の間で共通して参照できるようにするためのガイドラインとして, SLCP-JCF98 が策定されている．このガイドラインにおける共通フレーム 98（1998 年）は, 6 つの主プロセス, 8 つの支援プロセス, 組織に関する 4 つのプロセス, システム監査プロセス, 修正プロセスで構成されている．

3.1.2　開発計画

　プロジェクトを管理するためには, 事前に入念な計画を作成し, 実際の状況と計画の差異を把握する必要がある．開発計画は, プロジェクトのメンバーや顧客などが, ソフトウェアに関する情報や意識を共有するうえでも重要な役割を果たす．また, 開発前に工数や費用を見積もり, それに合わせて必要な資源を適切な時期に投入・配置する準備としても重要である．

　開発計画において明確にしておくべき事項は, 次の内容である．

(1)**目的**　何のために開発するのか, 何のためにプロジェクトを推進するのかといった目的.

(2)**目標**　システム利用者の要望や業務運営上の方針など, 開発するソフトウェアを導入することで達成される目標.

(3)**対象業務と運用方針**　開発するソフトウェアが担う業務や, 実際の業務でどのように使用されるのかといった開発対象の範囲と機能．業務上の制約や, 利用者に関する前提条件, さらに, 運用保守を誰がどの程度行うのかなども含む.

(4)**システムの基本構成**　開発するソフトウェアが実際に稼動する環境（OS, ハー

ドウェア，ネットワークなど）や可能な限りアーキテクチャを決定する際の前提条件（サーバクライアントモデルなど）．

(5) **工数とコスト**　顧客との契約を行うため，またスケジュールや体制を確定するために，開発に要する工数とコストを見積もる必要がある．そのため通常は，過去の似たプロジェクトの実例や実績を参考にする．しかし，見積もりを完璧に行うことは不可能なので，計画の段階ではおおよその数値を求め，開発の途中で繰り返し修正する．工数を見積もる技法については 3.2 節で述べる．

(6) **スケジュール**　見積もりにより得られた工数に応じた開発の各段階に費やす期間．スケジュールの記述ツールとして，**作業明細構造**（work breakdown structure：WBS）と**ガントチャート**がある．図 3.1 に作業明細構造の例を示す．これはプロジェクトで実行される作業（アクティビティ）を分割，詳細化して記述したものである．ガントチャートは，図 3.2 に示すように，各アクティビティを並列に記述し，それぞれの作業期間を棒グラフで示したものである．現時点でどの作業が実行中あるいは終了しているのか，今後どの作業が行われる予定であるのかが一目でわかる．図において，塗りつぶされた棒グラフ（長方形）は，

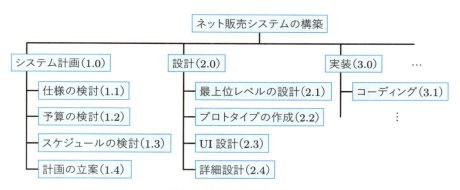

図 3.1　作業明細構造の例

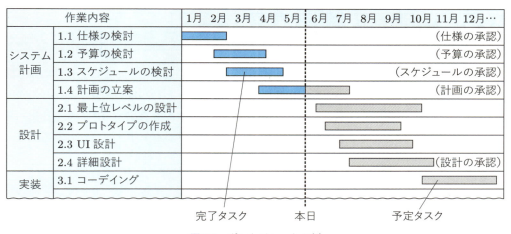

図 3.2　ガントチャートの例

28　第3章　プロジェクト管理

本日（6月1日）までに作業が完了していることを示している．たとえば，「1.4 計画の立案」に関しては，現在作業中で，その作業は7月の下旬まで続く予定である．また，「2.1 最上位レベルの設計」に関しては，6月中旬から作業を開始する予定である．スケジュールにおいて，作業の完了時点（特定のアクティビティの終了時点）をマイルストーンという．

(7)体制　工数の見積もりとスケジュールに応じた，プロジェクト組織の立ち上げ，要員の割り当てなど．組織はいくつものチームで構成され，各チームが責任をもって担当作業を遂行する．その際，チーム内の運営だけでなく，チーム間のコミュニケーションが重要となる．よって，チーム間で共有する情報やそのための方法を決定しておくことが望ましい．

(8)環境や方法　ソフトウェアを開発するために必要な環境やツール．ハードウェア環境としては，文書を作成・閲覧するコンピュータ，プログラミングを行うコンピュータ，テストに使用するコンピュータなどがある．ソフトウェア環境としては，OS，プログラミング言語，コンパイラ，種々の開発ツール，コミュニケーションのためのツールなどがある．同時に，開発で採用する方法論，コーディング規約，テストの方針なども決定しておく．

(9)成果物の管理方法　開発の各工程で作成された成果物を適切に管理するための方法．この作業をソフトウェアの構成管理という．一般には，成果物を単純に記録しておくだけでなく，誰がいつ作成したのか，開発中にどのような変更が行われたのか，成果物間の関係なども管理する．

(10)リスクの管理方法　開発を進めていくうえで発生が予測されるリスクとその対処方法．リスク対策だけでなく，リスクが発生しにくい環境を用意することも含まれる．リスクにより引き起こされる損失をリスク衝撃，リスクが発生する可能性をリスク確率，リスクの影響を最小にしたり回避したりすることをリスク制御という．

3.2　開発工数の見積もり

　プロジェクト計画を立案するにあたり，費用を見積もることは必須である．開発者や顧客は，開発にどの程度の費用がかかるのか，どの程度の期間がかかるのかを知りたい．通常は，工数を見積もり，それに基づき費用を算出する．工数を算出する技法としては，標準タスク法，COCOMO，ファンクションポイント法がある．

3.2.1　標準タスク法

　作業（標準タスクという）ごとに工数をあらかじめ設定したうえで，実際のソフトウェア開発に現れる作業を予測して，それらに応じて工数を積み上げていく算出方法を標準タスク法という．

工数を見積もる際には，作業をまずいくつかの標準タスク（たとえば，A，B，C）に分解し，各タスクの規模と複雑度を決定（予測）する．そのうえで，標準タスク A，B，C の各作業がそれぞれ何回実施されるかといった件数を予測する．各作業に対して，作業工数と件数を掛け合わせることで，標準タスクごとに総工数が算出できる．そして，すべての標準タスク A，B，C の総工数を合計することで，プロジェクト全体の工数を見積もる．

3.2.2 COCOMO

ベームによって提唱されたソフトウェアの規模と工数の関係を統計的なモデルから推測する技法を COCOMO（constructive cost model）という．COCOMO では，ソフトウェアの規模を，コメントを除いたソースコードの行数（lines of code：LOC）で測定する．図 3.3 に示すように，ソースコードの行数を変換モデルに入力することで工数が出力される．規模だけで統計的に工数が算出できるのが利点である．

図 3.3　COCOMO による開発工数の見積もり

規模から工数への変換モデルとしては，見積もりを実施する時期に応じて，3 つの方法が提案されている．

(1) **基本 COCOMO**　規模のみから工数を算出する．これはプロジェクトの計画段階で使用する．

(2) **中間 COCOMO**　規模を，開発するソフトウェアの特徴やメンバーの経験や能力で調整して算出する．主に要求定義が完了した後で使用する．

(3) **詳細 COCOMO**　主に設計終了後に使用する．モジュール構成などを考慮して規模を調整し，工数を算出する．

さらに COCOMO では，ソフトウェア開発の種類によって 3 つのモードが用意されている．

(1) **組織モード**　少人数で行う単純で小規模な開発の場合のモード．開発全体を自社で行っている場合に相当する．

(2) **組込みモード**　複雑で大規模，あるいは，厳しい制約をもつ開発の場合のモード．

(3) **半組込みモード**　一般的な業務処理ソフトウェアの開発などの場合のモード．組織モードと組込みモードの中間に相当する．

それぞれのモードには変換モデルがあるので，適切な変換モデルを用いて工数を算出すればよい．最終的な工数は，人月値となる．人月とは，1 人が 1 か月の間に作業

30   第3章 プロジェクト管理

に費やす時間である．たとえば，10人月は，2人で5か月，または5人で2か月とみなすことができる．ただし，実際の開発において人間と時間は置換できないため，2人で5か月の作業を5人で実施したからといって，2か月で完了するわけではないことに注意する必要がある．

COCOMOは，中～大規模（数万行～数十万行）のソフトウェアに適したモデルである．ほかにも，小規模（数万行以下）のソフトウェアに対応したDotyモデルや，巨大規模（数十万行以上）のソフトウェアに対応したPutnamモデルがある．

3.2.3 COCOMO II

初期版のCOCOMOでは，ソースコードの行数（規模）が予測できることを前提としている．このため，分析工程や設計工程において，その規模の推定が困難な場合，見積もりが不可能，あるいは算出した数値が不正確であるという問題を含んでいた．この問題をふまえて提唱されたのが**COCOMO II**である．COCOMO IIでは，次の3つのモデルを用いて開発工数を見積もる．

(1)**アプリケーション組立てモデル**　GUIビルダーやコンポーネントを用いたプロトタイプ開発において，オブジェクトポイントの観点からソフトウェアの規模を見積もるモデル．オブジェクトポイントとは，システム内に登場するオブジェクト（画面や帳票など）により提供される機能の複雑さを「単純」「普通」「複雑」に分類し，それぞれの登場数に重み付けを行い，算出した数値である．

(2)**初期設計モデル**　後述するファンクションポイント法を用いて，機能数から規模を測定するモデル．設計初期において，全体のシステム構造が明確に定義される前に使用する．

(3)**ポストアーキテクチャモデル**　ファンクションポイント法や推定したソースコードの行数により工数を算出するモデル．外部設計によりシステム構造が定義された後に使用する．この時期には，開発ソフトウェアに関する多くの情報が得られるため，さまざまな種類のコスト係数を導入している．

3.2.4 ファンクションポイント法

工程の見積もりでは，ソフトウェアの規模はソースコードの行数で表現されることが多い．しかし，単純に行数が規模を表していないオブジェクト指向ソフトウェアに対する開発も増えている．そこでアルブレヒト（Allan J. Albrecht）により考案された方法が，ソースコードの行数の代わりにソフトウェアに含まれる機能の数（ファンクションポイント）により規模を算出する**ファンクションポイント法**（FP法）である．

ファンクションポイント法では，ソフトウェアの内部でどのような処理が行われているか（行われる予定か）を分析し，それらを次の5つの機能に分類する．

(1)**外部入力**（external inputs：EI）　外部からソフトウェアへの入力．ソフトウェアの内部論理ファイルの更新を伴う．ファイルのフォーマットやファイルに対

図 3.4 ソフトウェアの内部処理の分類

する処理内容が異なる場合は，それぞれ別のものとして数える．

(2) **外部出力**（external outputs：EO）　ソフトウェアから外部（利用者など）への出力．外部入力と同様に，ファイルのフォーマットやファイルに対する処理内容が異なる場合は，それぞれ別のものとして数える．

(3) **外部照会**（external inquiries：EQ）　外部からソフトウェアへの照会．照会とは，入出力によりソフトウェアの内部論理ファイルが更新されないことをいう．

(4) **内部論理ファイル**（internal logical files：ILF）　ソフトウェア内部に存在するファイルの規模．ファイル数をそのまま数えるのではなく，データとして意味をもつまとまり（論理的なレコード）の数を数える．

(5) **外部インタフェースファイル**（external interface files：EIF）　他のシステムで管理され，ソフトウェアが参照するファイルの規模．内部論理ファイルと同様に，論理的なレコード数を数える．

これら 5 つの機能分類と，それぞれの機能分類に対する複雑度のマトリクス（行列）を図 3.5 に示す．ファンクションポイント法では，複雑度のマトリクスに基づき，システム内部の各機能を「単純」「普通」「複雑」に区分する．複雑度は，各機能に関連するファイルやファイル内のレコード数と，各機能において処理するデータ項目の数で決定する．たとえば，図 (a) では，外部入力 EI において，関連ファイル数が 2 の場合，扱うデータ項目数が 1～4 のときを「単純」，5～15 のときを「普通」，16 以上のときを「複雑」と定義している．このような定義に従い機能数を数えることで，図 3.6(a) のような 5 つの機能分類と 3 つの複雑度に関する機能数のマトリクスを作成できる．

ファンクションポイント法では，図 3.6(b) のように，5 つの機能分類と 3 つの複雑度に関する係数（重み）をあらかじめ付与する．実際に数えた機能数と係数を掛けた

(a) EI の複雑度

関連ファイル数	データ項目数 1〜4	5〜15	16〜
0〜1	単純	単純	普通
2	単純	普通	複雑
3〜	普通	複雑	複雑

(b) EO, EQ の複雑度

関連ファイル数	データ項目数 1〜5	6〜19	20〜
0〜1	単純	単純	普通
2〜3	単純	普通	複雑
4〜	普通	複雑	複雑

(c) ILF, ELF の複雑度

レコード数	データ項目数 1〜19	20〜50	51〜
0〜1	単純	単純	普通
2〜5	単純	普通	複雑
6〜	普通	複雑	複雑

図 3.5 ファンクションポイント法における機能分類と複雑度に関するマトリクス

（a）複雑度別の機能数

機能 ＼ 複雑度	単純	普通	複雑
EI	⑩	9	15
EO	14	12	14
EQ	2	4	7
ILF	3	3	6
EIF	4	5	6

（b）重み付け係数

機能 ＼ 複雑度	単純	普通	複雑
EI	×3	×4	×6
EO	×4	×5	×7
EQ	×3	×4	×6
ILF	×7	×10	×15
EIF	×5	×7	×10

（c）ファンクションポイント

機能 ＼ 複雑度	単純	普通	複雑				
EI	10×3	9×4	15×6	30 + 36 + 90			
EO	14×4	12×5	14×7	+ 56 + 60 + 98			
EQ	2×3	4×4	7×6	+ 6 + 16 + 42	= 680（未調整 FP）
ILF	3×7	3×10	6×15	+ 21 + 30 + 90			
EIF	4×5	5×7	5×10	+ 20 + 35 + 50			

図 3.6　ファンクションポイントの算出

ものを算出し，それらを合計したものが全体のファンクションポイント（FP）になる．たとえば，図(b)に示す重み付け係数が用意されていた場合，外部入力 EI の複雑度が「単純」の機能数は 10 であるので，図(c)に示すように，EI の単純に対する値は 30 となる．すべての機能分類および複雑度に対して同様の計算を行い，それらを合計した数値（図では 680）が，開発ソフトウェアのファンクションポイントになる．ただし，この数値は，最終的なものではなく，未調整ファンクションポイントという．

　最終的なファンクションポイントを算出する際には，ソフトウェアの特性に応じて得点を割り当て，調整用係数を算出する必要がある．特性を評価する項目はデータ通信，分散処理，パフォーマンスなど全部で 14 個用意されている．さらにこれら 14 項目に関して，次の 6 段階で得点をつける．

0：まったく関係ない　　　3：平均的な影響を受ける

1：ほとんど影響を受けない　4：大きな影響を受ける

2：適度に影響を受ける　　5：非常に大きな影響を受ける

合計得点を P とすると，調整用係数 C の定義は次のようになる．

$$\text{調整用係数 } C = 0.65 + (0.01 \times \text{合計得点 } P)$$

0.65 と 0.01 は定数である．また，合計得点 P の最大値は 70（14 項目 × 5 点）となる．調整後のファンクションポイント FP を求める式は次のようになる．

$$FP = (\text{調整用係数 } C) \times (\text{未調整ファンクションポイント})$$

調整用係数 C の範囲は 0.65 〜 1.35 となるので，±35％の調整をすることになる．

たとえば，ソフトウェアの特性に関する合計得点 P = 28 のとき，調整用係数 C = 0.93 となり，最終的なファンクションポイント FP = 632.4 となる．

ファンクションポイントは規模を表しているだけで，工数を直接表してはいない．このため，ファンクションポイントから工数への変換モデルは，個々の企業やプロジェクトが経験や実績に基づいて決定する必要がある．

3.3 品質管理

プロジェクト管理において，成果物（プロダクト）やプロセスの品質を評価するのは当然である．品質を評価する際の指針としては，品質特性とソフトウェアメトリクスがある．また，開発プロセスの評価と改善を目的として，開発能力成熟度モデル（CMM）がある．

3.3.1 ソフトウェアの品質特性

品質に関する国際標準規格の元祖は ISO/IEC 9126 である．これは，表 3.2 に示す 6 個の品質特性と 27 個の副特性で構成されている．

これを改良した ISO/IEC 25010 は，13 個の品質特性と 42 個の副特性からなり，利用者から見た利用時の品質と開発者から見た製品の品質に分けられている．表 3.3 に利用時の品質，表 3.4 に製品の品質をまとめる．ISO/IEC 25000 シリーズ

表 3.2　ソフトウェアの品質特性（ISO/IEC 9126）

品質特性	説　　明	副　特　性
機能性	必要な機能が実装されているか	合目的性, 正確性, 相互運用性, セキュリティ, 標準適合性
信頼性	機能が正常に動作し続けるか	成熟性, 障害許容性, 回復性, 標準適合性
使用性	利用者にとって使いやすいか	理解性, 習得性, 操作性, 魅力性, 標準適合性
効率性	目的達成のために使用する資源は適切か	時間的効率性, 資源効率性, 標準適合性
保守性	改定作業に必要な労力は少ないか	解析性, 変更性, 安定性, 試験性, 標準適合性
可搬性	他の環境へ移しやすいか	順応性, 設置性, 共存性, 置換性, 規格準拠性

表 3.3　ソフトウェア利用時の品質特性（ISO/IEC 25010）

品質特性	説　　明	副　特　性
有効性	設定された目標や要件をどれだけ効果的に達成できるか	有効性
効率性	リソースをどれだけ効率的に利用できるか	効率性
満足性	利用者がどれだけ満足しているか	実用性, 信用性, 快感性, 快適性
リスク回避性	予測可能で潜在的なリスクをどれだけ最小限に抑えられるか	経済リスク緩和性, 健康・安全リスク緩和性, 環境リスク緩和性
利用状況網羅性	異なる状況や環境でどれだけ対応できるか	利用状況完全性, 柔軟性

34　第 3 章　プロジェクト管理

表 3.4　ソフトウェア製品の品質特性（ISO/IEC 25010）

品質特性	説　明	副 特 性
機能適合性	提供する機能が利用者のニーズをどれだけ満たしているか	機能完全性, 機能正確性, 機能適切性
性能効率性	与えられたリソースに対して, どれだけ高い性能を維持できるか	時間効率性, 資源効率性, 容量満足性
互換性	他の利用環境に対して, どれだけ柔軟に対応できるか	共存性, 相互運用性
使用性	利用者にとってどれだけ使いやすいか	適切度認識性, 習得性, 運用操作性, ユーザーエラー防止性, ユーザーインターフェース快美性, アクセシビリティ
信頼性	どれだけ安定して機能を提供し続けることができるか	成熟性, 可用性, 障害許容性（耐故障性）, 回復性
セキュリティ	どれだけセキュリティリスクを低減できるか	機密性, インテグリティ, 否認防止性, 責任追跡性, 真正性
保守性	どれだけ適切に保守作業が行えるか	モジュール性, 再利用性, 解析性, 修正性, 試験性
移植性	異なる環境やプラットフォームにどれだけ簡単に移植できるか	適応性, 設置性, 置換性

（SQuaRE：スクウェア）では，これら 2 つの品質モデルだけでなく，品質の管理，測定，評価に関する特性が定められている．

　品質を向上させるためには，それぞれの品質特性に関して高いレベルを維持することが重要である．ただし，すべての特性で高いレベルを狙うことは，開発費用やスケジュールが有限であるため難しい．そこで，プロジェクト管理においては，品質特性に優先順位を付け，それに従って品質を管理する．

3.3.2　メトリクス

　プロジェクト管理において，プロダクトやプロセスを評価する際には，定量的な評価尺度が役立つ．このような評価尺度をメトリクスという．メトリクスには，大きく次の 2 つがある．

(1) プロダクトメトリクス

　ソフトウェア開発において作成された成果物を定量的に評価する尺度．たとえば，ソフトウェアの規模を測定するメトリクスとして，ソースコードの行数やプログラムの命令数（ステップ数）がある．プログラムの複雑さを評価する尺度としては，マッケイブ（Thomas J. McCabe）のサイクロマティック複雑度（循環的複雑度）がある．これは，プログラムの実行の流れ（制御フロー）において，独立した経路の数で複雑度を測定する技法である．ほかにも，オブジェクト指向ソフトウェアにおける複雑度の測定に特化したものに，CK メトリクス（Chidamber and Kemerer's metrics）などがある．

(2) プロセスメトリクス

　成果物を作成する作業の効率を評価する尺度．単純な方法として，特定の作業に費

やした時間や資源の量を測定する．また，特定のプロセスを実行中に発生するイベントの数を測定することで，その作業の効率を評価することもできる．イベントの例としては，コードインスペクション（完成したソースコードが規定とおりに記述されているかを確認する作業）中に発見された誤りの数や，要求変更に対する修正コードの行数などがある．

品質評価にメトリクスを用いる際の困難な点は，適切なメトリクスの選択である．これに対しては，バシリ（Victor R. Basili）らによって提唱された GQM（Goal Question Metric）が役に立つ．この技法では，測定データを収集する目的，目的を達成するために知りたい情報を表現した質問，質問に対する定量的な答えを得るためのメトリクスを，それぞれのゴール層，クエスチョン層，メトリクス層に分けてトップダウンに記述し，目的と質問，質問とメトリクス間の関係を定義する．GQM を用いることで，選択したメトリクスに対する測定の目的や測定データの解釈が明確になる．

3.3.3 プロセスの評価と改善

プロダクトの品質と，それを作り出すプロセスの品質との関係を明確にすることは難しい．しかし，プロダクトの品質を高めるためには，プロセスの品質を改善することが有効であると経験的に知られている．そこで，プロセスの改善支援を目的として，組織の開発能力の成熟度を評価する技法（Capability Maturity Model：CMM）が米国のカーネギーメロン大学ソフトウェア工学研究所（Software Engineering Institute：SEI）において開発された．現在は，CMMI（CMM Integration）として体系化されている．CMMI のうちソフトウェア開発に関係するものが，ソフトウェア CMM（SW-CMM）である．

SW-CMM では，図 3.7 のように成熟度のレベルを 5 段階で規定し，各レベルに

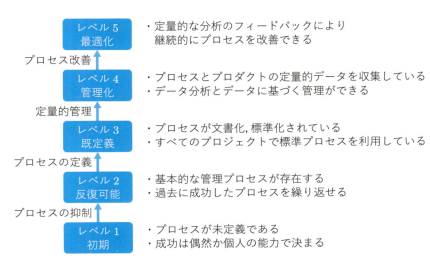

図 3.7　SW-CMM における成熟度

応じてソフトウェアプロセスを改善する手順を示している．SW-CMMに基づきプロセスを改善することで，プロジェクト管理のレベルを向上させることが期待できる．

ポイント

- **プロジェクト管理**とは，要求を満たすソフトウェアを顧客に決められた期間で納品するために，開発において誰がどの段階で何をすればよいのかを計画する作業のことをいう．同時に，計画どおりにプロジェクトが進められているかを確認し，その結果に応じた対策作業も含まれる．
- プロジェクト管理を遂行するうえで必要な基本的な知識を9つの視点で体系化したものとして，**プロジェクト管理知識体系**（PMBOK）がある．
- プロジェクト計画を立案するにあたり，開発ソフトウェアに関する費用を見積もることは必須である．通常は，開発工数を見積もり，それに基づき開発費用を算出する．
- **ファンクションポイント法**とは，ソフトウェアに含まれる機能の数により，ソフトウェアの規模を算出する技法である．
- プロジェクト管理におけるソフトウェアの品質に関する国際標準規格として，ISO/IEC 9126と，それを改良したISO/IEC 25010がある．これらは**品質特性**とそれらの副特性で構成されている．
- ソフトウェアを定量的に評価する尺度を**メトリクス**という．メトリクスには大きく，プロダクトメトリクスとプロセスメトリクスがある．
- CMMとは，組織の能力の成熟度を評価する技法である．CMMでは，成熟度のレベルを5段階で規定し，各レベルに応じてソフトウェアプロセスを改善する手順が示されている．

演習問題

3.1 プロジェクト管理において，なぜ開発計画を立てなければならないのかを説明せよ．

3.2 ファンクションポイント法を使用する際の注意点を説明せよ．

3.3 ISO/IEC 25000おけるソフトウェア製品の8つの品質特性を説明せよ．

3.4 GQMにおけるゴール層，クエスチョン層，メトリクス層の各層で定義される内容を説明せよ．

3.5 SW-CMMがどのようにプロセス改善に役立つのかを説明せよ．

第4章

要求分析

keywords

要求工学，ステークホルダー，要求仕様，要求記述，要求獲得，要求確認，ゴール指向分析，
シナリオ，ユースケース

ソフトウェア開発の目的は，顧客や利用者の満足するシステムを実現することである．このためには，顧客や利用者の要求を正確に把握しなければならない．そこで重要となるのが要求分析である．

本章では，まず要求分析の概要について述べる．その後，要求分析における3つの作業である要求獲得，要求仕様化，要求確認を説明する．

4.1 要求分析とは

顧客や利用者が明示的あるいは潜在的に考えている要求を引き出し，システム全体の仕様をできるだけ厳密に定義する作業を**要求分析**，または**要求定義**という．また，ソフトウェアの要求に関する技術の集大成を**要求工学**（requirements engineering：RE）という．要求分析は，開発工程の最上流に位置し，その成果物は後の工程に多大な影響を及ぼす．このため，要求分析を効果的・効率的に実施する技法が求められている．

4.1.1 要求と要求仕様

ソフトウェアを利用することで実現したい内容をまとめたものが**要求**である．いい換えると，要求とは利用者側から見てソフトウェアが実現すべき目標である．これに対して，要求を実現するために必要な機能や性能を提供する際の条件や制約を**仕様**という．つまり，要求仕様とは，要求を満たすためにソフトウェアが実現しなければならない要件をまとめたものである．

このように考えると，要求分析とは顧客や利用者の要求を見つけ，それを仕様化する作業といえる．要求分析により要求仕様を文書化したものを要求仕様書という．利用者や顧客が真に望んでいる要求が要求仕様に反映されていなかったり，要求の一部が抜けていたりすると，設計工程や実装工程で間違ったソフトウェアが作成されることになる．これは，開発後の余計な修正作業や実装のやり直しを強いることになり，開発コストの大幅な増加やスケジュールの深刻な遅れにつながる．もし開発の初期段

階で本質的な要求を正確に定義できれば，利用者や顧客が望むシステムとなる可能性が高くなり，開発の手戻りを回避できる．

要求は，大きく機能要求と非機能要求に分けられる．**機能要求**とは，開発するシステムが何をするのかを表現する．**非機能要求**は，性能，使いやすさ，安全性，保守性，可搬性などを表現する．非機能要求は互いに衝突することが多いため，それぞれの要求に優先度を付けたり，トレードオフを分析したりするなどの対策を講じておくことが重要である．

4.1.2 要求分析の関係者

通常，要求分析は，主に図 4.1 に示す 3 種類の人で行われる．

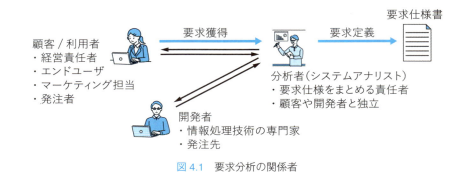

図 4.1 要求分析の関係者

(1) **顧客／利用者** 顧客とは，開発システムを必要とする組織や企業において，要求の決定や開発システムの受け入れに関する権限をもつ人である．システム開発全体あるいは一部が外注される場合には，発注者となる．また，一般消費者向けソフトウェア製品の開発の場合，マーケティング（市場販売）担当者が顧客になることもある．利用者（エンドユーザともいう）とは，実際に開発システムを使用して業務を遂行する人である．組織や企業において，システムを管理する運用者も利用者である．

顧客と利用者が同じであるとは限らない．顧客が利用者と異なる場合は，注意が必要である．たとえば，顧客，とくに企業の責任者は開発システムの生み出す利益や開発コストを強く意識することが多い．それに対して，利用者はソフトウェアに使いやすさを求め，開発コストをそれほど気にしない．このように一般には，要求の捉え方は顧客や利用者の立場によって異なる．要求を捉える際の立場や見方を**ビューポイント**という．要求分析では，ビューポイントを意識し，顧客や利用者の要求に関して合意形成を行う必要がある．

(2) **開発者** 情報処理技術の専門家であり，実際にシステムを開発する人．技術的観点から，新技術によって実現可能となる要求を提案したり，非現実的な要求を排除したりする．自社開発の場合は，情報システム部門に属する人になるが，外注の場合には発注先となる．

(3)分析者（システムアナリスト）　実際に要求分析の作業を仕切り，要求仕様をまとめる責任者．要求分析において，もっとも重要な役割を果たす．利用者と開発者のコミュニケーションギャップを埋めるという観点から，分析者は開発システムが扱う業務とシステム開発の両方に精通している必要がある．また分析者は，利用者と開発者の利害関係を調整する役割を担うため，どちらからも独立した立場であることが望ましい．

4.1.3　要求分析の困難さ

顧客や利用者の要求を仕様に正確に反映させることは，一般に困難である．その理由としては次のことなどがある．

(1)顧客や利用者の要求のあいまいさ　顧客は必ずしもシステムの利用者ではない．そのため，顧客がシステム利用者の業務を十分に理解していないことがある．また利用者が，自分の業務内容や業務に関する問題を正確に把握していないことも多い．さらに，システムが先進的なものなら，現行の業務内容が大幅に変更される可能性があり，このような場合，本当の利用者を特定することが難しく，誰から要求を引き出せばよいかわからないこともある．

(2)顧客や利用者の要求の変化　顧客や利用者がはじめから要求を完全に把握していることはまれである．このため，ある時点で仕様が正確に定義できても，その直後に要求が変化することがある．とくに，顧客や利用者が互いの要求を目にするなかで，新しい要求を思いつく傾向がある．結果として，要求は際限なく大きくなる．また，要求分析の途中で，市場や社会情勢，顧客の環境が大きく変化することもある．

(3)利用者と開発者のコミュニケーションギャップ　通常，開発者はシステム開発に関する豊富な知識をもっているが，システムが利用される業務に関する知識（**ドメイン知識**）は乏しい．反対に，利用者は業務知識を豊富にもつが，システムの開発に関する知識は乏しい．さらに，利用者と開発者では用いる専門用語が異なることが多いため，利用者と開発者が同じ要求仕様を見ても，それぞれの解釈が大きく異なっていたり，どちらかの解釈が間違っていたりする可能性がある．

4.1.4　要求分析の作業

4.1.2 項で述べた 3 種類の人で要求を分析する際の作業は，主に次の 3 つである．

(1)要求獲得　顧客や利用者が真に望むものを引き出し，要求としてまとめる作業．通常，ステークホルダーの声に耳を傾けたり，業務を観察したりすることで行われる．要求獲得により得られた要求をまとめたものを要求記述という．

(2)要求仕様化　要求記述から誤り，冗長さやあいまいさを排除したり，不足する情報を補ったりして，要求仕様を完成させる作業．要求の仕様化には，自然言語，図的言語，形式言語が用いられる．

40　第4章　要求分析

(3)要求確認　作成された要求仕様が正しいかを確認する作業．仕様の一貫性，完全性，正確性などのチェックリストを用いて，要求仕様書を担当者が検査する作業を要求レビューという．要求仕様が形式的に記述されていれば，数学的な証明により要求を検査できる．

4.2　要求獲得

通常，システム開発が行われる際には，そのシステムによって解決すべき問題がある．しかし，問題が複雑であったり，あいまいであったりすると，問題を正確に認識できない．また，要求獲得は，他の工程における作業と異なり，上流段階から与えられる情報がない．このため要求獲得には，システム開発に特化した技法ではなく，一般的な問題分析技法が適用されることが多い．

要求獲得の作業は，要求の抽出と取捨選択に大きく分けられる．実際に要求獲得の作業を行う前には，主要なステークホルダーを識別しておくことが重要である．

4.2.1　要求の抽出

よく使われる要求抽出技法を紹介する．ただし，これらは純粋に要求の抽出だけを目指しているわけではなく，抽出した要求に関する分析やモデル化を含むこともある．また，技法といっても，具体的な手順が明確に決まっていないものも多い．

(1)資料収集　開発対象となるシステムやその業務に関する既存の資料を収集し，それらを分析することで，要求を抽出する．

(2)インタビュー　特定の顧客や利用者を選び出し，システムに関する質疑を通して要求を聞き出す．ある程度の決定権をもち，業務に精通している人物を選び出せるかが鍵となる．

(3)アンケート　顧客や利用者に対する質問事項があらかじめ仮定できるときは，アンケート調査により要求を抽出する．ただし，用意する質問事項によっては，調査結果が限定的になるので注意する必要がある．

(4)ブレーンストーミング　ステークホルダーを業務内容などでグループに分け，システムに関する自由な意見を話し合う機会を提供し，そこから要求を抽出する．この場合，より多くの自由なアイデアや他人の意見を発展させたアイデアが歓迎される．収集した意見の分析や整理にはKJ法が利用できる．KJ法では，個々のデータをそれぞれのカードに記入し，カードに対するグループ化を繰り返すことで，グループ間の関係を整理する．

(5)現場観察　業務を実際に体験したり，直接観察したりすることで，現場で発生している問題点を調査する．現場作業者に負担をかけないように，事前に業務内容を十分に理解しておく必要がある．

(6)プロトタイピング　要求に基づきシステムのプロトタイプを作成し，それを

使って顧客や利用者に機能や使い勝手を部分的に評価してもらう．プロトタイプの作成には，ソフトウェアの開発スキルが必要となり，これが難点になることがある．

(7) シナリオ　シナリオとは，特定の局面において，利用者が目標を達成するために行う行動と，そこから得られる事象を，時系列に沿って記述したものである．自然言語，図，アニメーション，動画で表現される．利用者と開発者が共同でシナリオを作成することで，システムを誰がどのように利用するのかが早い段階で明確になり，より具体的な要求を利用者から引き出しやすくなる．ただし，シナリオは具体的なものなので，その内容が対象者に大きく依存しやすい．

(8) ユースケース　ユースケースとは，利用者がどのようにシステムを使用するのかを表す典型的な事例である（6.4.1 項を参照）．システムとその外部との境界を明確に切り分け，システムの機能ごとにシステムと外部との相互作用を記述する．シナリオが利用者とシステム間の対話を直接表現しているのに対して，ユースケースはシナリオを一般化したものである．セキュリティに関する要求獲得では，システムに脅威を与える攻撃者の使い方を表現するミスユースケースを用いることも多い．この記述法では，通常のユースケースに加えて，それに脅威を与えるミスユースケースや脅威を軽減するためのユースケース，および，それらの関係を記述することができる．

(9) ゴール指向分析　最初に，達成すべきゴール（目標）を明確にし，それをサブゴールに分解する過程を繰り返し，ゴール木を作成する．図 4.2 に，ゴール指向分析において作成した一般的なゴール木を示す．このように，ゴールは AND 分解と OR 分解の 2 種類により階層化される．AND 分解では，分解されたサブゴールがすべて満たされれば，もとのゴールが満たされる．もうひとつの OR 分解は，サブゴールの 1 つが満たされれば，もとの目標が満たされる．十分に詳細化された（階層化の最下位に位置する）サブゴールが，要求の候補となる．この技法は，ゴールや要求が系統的に整理できる反面，ゴールを達成すること

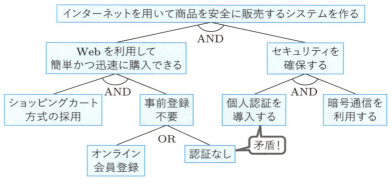

図 4.2　ゴール木の例

に特化した要求しか導けない．

ゴール分解だけを繰り返すことで作成したゴール木では，ゴールやサブゴールが互いに矛盾することがある．たとえば，図では，「認証なし」というサブゴールと「個人認証を導入する」というサブゴールが矛盾する．このような矛盾は，ゴール木を洗練する過程で解消していく．この例では，「オンライン会員登録」というサブゴールを選択することで，矛盾が解消できる可能性がある．代表的なゴール分析技法として，i*（アイスター）やKAOSがある．

(10) **問題フレーム（プロブレムフレーム）** 現実世界に存在する問題を，それを解決する機械，現実世界を表現する問題領域，問題領域に対する振る舞いや性質を表現する要求の3つの概念と，それらの間の関係で構造化して分析する．よく現れる問題をパターン化したものと捉えることもできる．

図4.3に問題フレームで記述した問題の例を示す．機械と問題領域を結ぶ実線は，機械が現実世界にある問題領域と関係をもつことを示している．これは，機械に対する要求，つまり機械の仕様を表現する．問題領域と要求を結ぶ破線は，要求が問題領域と関係をもつことを示す．たとえば，要求が，現実世界のモデルの振る舞いや性質を参照したり，制約を与えたりすることである．これは，顧客や利用者の要求を表現する．このように，機械の仕様と顧客や利用者の要求を明確に区別して，問題を分析することができる．

図4.3 問題フレームで記述した問題の例

4.2.2 要求の取捨選択

要求獲得において互いに矛盾する要求が引き出された場合，ステークホルダーと共に妥協点を見つけ，要求の優先順位を決める必要がある．このような合意形成によって矛盾を解消することを交渉（ネゴシエーション）という．また，予算やスケジュールによっては，要求獲得で得られたすべての要求を満たすことが不可能な場合がある．このような場合，要求をふるい落とす必要がある．デービス（Alan M. Davis）は，これを要求のトリアージといった．トリアージとは医療用語で，限られた医療資源において最善の救命効果を得るために，傷病者を重症度と緊急性によって分別し，治療の優先度を決定することを意味している．

要求の矛盾を解消する際，個々の要求に対してそれぞれのステークホルダーによる点数付けを行い，単純に優先順位を決定するのが一般的である．また，デルファイ法やAHP（analytic hierarchy process）法などの合意形成技法も利用できる．デルファイ法では，ステークホルダーがそれぞれ独自に意見を出し合い，相互参照を行って再び意見を出し合うという作業を繰り返す．全体の傾向や他人の意見がフィードバック

されることで，全体の意見が収束する．AHP 法は，まず，問題を最上位に，その解決策と代替案を最下位に，解決策や代替案を選択する評価基準を中間に配置した階層構造を定義する．次に，それぞれの階層に対して解決策や代替案を評価し，最適な解決策あるいは代替案を決定する．

4.3 要求仕様化

得られた要求は，要求仕様としてまとめられる．図 4.4 に要求仕様の作成手順を示す．

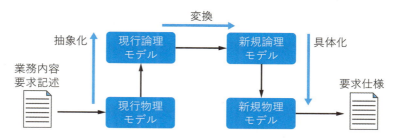

図 4.4　要求仕様の作成手順

まず，現行業務の実態調査や現行システムの要求記述に基づき，業務内容をありのまま具体的に表現する現行物理モデルを作成する．次に，現行物理モデルから，慣例的に行われている処理や特定の事情で行われた処理，人名，媒体，日時，金額，数量など物理的な制約を排除し，本質的な情報だけを残す．これを現行論理モデルという．さらに，現行論理モデルの新規に追加したい機能や削除する機能を洗い出し，システムのあるべき姿を表現する．これを新規論理モデルという．新規論理モデルに対して，システムが満たすべき制約や性能などを考慮してまとめたものが新規物理モデルである．新規物理モデルを仕様化したものが要求仕様となる．要求を仕様化する際には，非形式的な図的表現や形式的仕様が用いられる．

4.3.1　図的表現

要求仕様の図的表現として，DFD や UML のほか，状態遷移図やユースケース図などがある．

(1) データフロー図あるいは DFD（data flow diagram）　システム内部のデータの流れを中心にして，業務やシステムを分析する構造化技法で用いる．データフロー図に関しては，5.1.1 項で詳しく述べる．

(2) UML（Unified Modeling Language）　オブジェクト指向分析・設計において用いられる統一的表記法である．オブジェクト指向分析に関しては，第 6 章で詳しく述べる．

44 第4章 要求分析

▌4.3.2 形式的仕様

　文法や意味が形式的に定義された言語，図を用いて記述された仕様を**形式的仕様**という．仕様を形式化することで，仕様に誤り（漏れやあいまいさなど）が混入する可能性を減少させることができる．さらに，文法と意味が数学を基礎として厳密に定義されるため，仕様を機械的に処理し，その内容を解析および検査できる．欠点は，通常の開発者や利用者になじみがないことである．ある程度の数学的背景をもたなければ仕様を読むことが難しい．

　形式的仕様には次のようなものがある．

(1)**論理型仕様**　システムの機能を，実行前に成立すべき条件（入力データに関する制約や入力時の内部状態に関する前提）と実行後に成立する条件（出力データに関する制約）で捉え，それらを論理式で記述する．入力条件を記述した論理式を事前条件，出力条件を記述した論理式を事後条件という．論理型仕様では，もしシステムを実現したプログラムの実行前に事前条件が真である（成立する）ならば，プログラムの実行後に事後条件が真になる（成立する）ことが保証される．事前条件および事後条件は，事前表明および事後表明ということもある．

(2)**関数型仕様**　システムの機能を，入力データから出力データへの変換であると捉え，そのような直接的変換を数学的関数により記述する．機能を関数とみなすため，論理型仕様と異なり，内部状態は仮定しない．関数型仕様では，関数が満たすべき振る舞いを，集合や等式などで表現する．

(3)**代数的仕様**　システムの機能をデータとそれに対する演算の組で特徴づけ，演算の意味を代数的公理（等式）で記述する．ソフトウェアでは，データとそれに対する演算の組は，**抽象データ型**（abstract data type：ADT）という．抽象データ型では，演算の仕様（インタフェース）と内部実装を分離し，公開演算子を通してのみデータにアクセスできる．

▌**4.4** 要求確認

　要求仕様は，要求分析工程の最終成果物であり，それに基づき以降の開発工程が実施される．このため，利用者や顧客が真に望んでいる要求が要求仕様に反映されていなかったり，要求の一部が抜けていたりすると，開発が失敗に終わったり，大きな手戻りが生じることになる．このため要求仕様は，次に示す**品質特性**（IEEE Std 830-1998）を満たすことが望まれる．

(1)**妥当性（正当性）**　要求仕様に含まれるすべての要求が，システムの満たすべきものである場合，要求仕様が妥当であるという．つまり，妥当な要求仕様は，実現すべきでない要求を含んでいないことになる．ある要求が必須であるかは，顧客や利用者しか判断できないことが多く，妥当性は顧客や利用者に直接確認

してもらうのが一般的である.

(2)非あいまい性 要求仕様があいまいでないとは,すべての要求が一意に解釈できることをいう.あいまいな部分が存在すると,設計者やプログラマが要求を間違って解釈し,最終的に利用者や顧客の意図しないシステムができあがる可能性が高くなる.あいまいさは自然言語で記述された要求仕様に混入しやすい.

(3)完全性 必要な情報がすべて記述されている場合,要求仕様は完全であるという.記述されていなければならない情報として,機能,性能,設計制約などに関する要求がある.また,すべての入力データ(正当な入力値や不当な入力値)やあらゆる状態に対する応答,要求仕様に現れる用語の定義や図表の説明も記述されていなければならない.これらの情報が記述されていない場合,要求の漏れ(抜け)となる.

(4)無矛盾性(一貫性) 要求仕様が無矛盾であるとは,要求仕様に記述されている要求が互いに矛盾しないことをいう.ここで,同じ要求が重複して現れ,どちらかを削除しても妥当性と完全性を満たす場合を,要求が冗長であるという.互いに矛盾しない冗長な要求のうち,一方だけが変更される場合に矛盾が発生しやすい.

(5)重要度と安定性の順位付け 通常,要求仕様に記述されているすべての要求が,同程度の重要度や安定度を求めているわけではない.よって,どの要求を優先的に扱うかを決定する順位付けが行われていることが望ましい.たとえば,要求に対して,必須要求(なければならない),条件要求(あったほうがよい),任意要求(あってもなくてもよい)という重要度を付与することが考えられる.また,安定性とは,要求がどの程度変更されるのかを表している.たとえば,将来の変更回数の予測値により順位付けすることが考えられる.

(6)検証可能性 完成したシステムが要求仕様の記述内容を満たすかを系統的に検査できる場合,要求仕様は検証可能であるという.一般に,あいまいな表現を含む要求は検証できない.また,要求仕様に具体的な数値が記述してあったとしても,妥当なコスト(費用や時間)で検査が完了しない場合,検証可能とはいえない.

(7)変更可能性 要求仕様に記述された特定の要求だけ,あるいは,要求の一部だけを容易,完全,矛盾なく修正可能であるとき,要求仕様が変更可能であるという.個々の要求が独立しておらず依存している場合や冗長な要求が存在する場合,特定の要求や要求の一部を完全かつ矛盾なく書き換えるのは困難であり,変更可能性は大きく低下する.

(8)追跡可能性 要求仕様の各要求に対してその背景,理由,意図が明確で,容易に参照できる場合,要求仕様は後方追跡が可能であるという.反対に,各要求に番号やラベルを付与し,要求仕様に基づき作成された設計文書,ソースコード,マニュアルなどから容易に参照できる場合,前方追跡が可能であるという.

46　第 4 章　要求分析

後方追跡可能性は，要求を理解する際に重要である．前方追跡可能性は，システムの保守工程において設計文書やソースコードが変更される場合，その変更の影響範囲を特定するのに役立つ．

ポイント

- ソフトウェアを利用することで実現したい内容をまとめたものが**要求**である．その要求を実現するために必要な機能や性能を提供する際の条件や制約を**仕様**という．
- **要求分析**とは，開発すべきソフトウェアシステムに対する顧客や利用者の要求を引き出し，そのシステム全体の仕様をできるだけ厳密に定義する作業である．要求分析により作成された文書を**要求仕様書**という．
- 要求仕様に記述される要求は，**機能要求**と**非機能要求**に大きく分けられる．
- 要求分析は，主に，顧客や利用者，開発者，分析者で行われる．
- **要求獲得**とは，利用者が真に望むものを引き出し，要求としてまとめる作業である．主な作業として，インタビュー，アンケート，ブレーンストーミング，現場観察などがある．また，シナリオ，ユースケース，ゴール指向分析などの分析技法も利用できる．
- **要求仕様化**とは，要求記述から誤り，冗長さやあいまいさを排除したり，不足する情報を補ったりして，要求仕様を完成させる作業である．要求の仕様化には，自然言語，図的表現，形式的仕様が用いられる．図的表現として，DFD，UMLがある．また，形式的仕様として，論理型仕様，関数型仕様，代数的仕様などがある．
- **要求確認**とは，作成された要求仕様が正しいかを確認する作業である．要求仕様が満たすべき特性には，仕様の妥当性，非あいまい性，完全性，無矛盾性，重要度と安定性の順位付け，検証可能性，変更可能性，追跡可能性がある．

演習問題

4.1　要求と要求仕様の関係を説明せよ．

4.2　要求分析が難しいと考えられる理由を説明せよ．

4.3　ゴール指向分析の手順を説明せよ．

4.4　要求の仕様化に形式言語を用いる利点を説明せよ．

4.5　要求仕様に対する品質特性を満たさない要求の例を考えよ．

第5章
構造化分析

keywords

データフロー図，段階的詳細化，プロセス仕様，データ辞書，実体関連図，状態遷移図

　ソフトウェアが動作するシステムの機能に着目して，要求を仕様化する技法に構造化分析がある．また，データフローに基づく分析を補う仕様化技法として，実体関連図と状態遷移図を用いる方法がある．

　本章では，データフロー図を説明し，この図を用いた分析手順を解説する．さらに，実体関連図と状態遷移図を紹介する．

5.1　構造化分析とは

　デ・マルコ（Tom DeMarco）により提案された**構造化分析**（structured analysis：SA）は，データフロー図，データ辞書，プロセス仕様書を用いて，システムを段階的に詳細化しつつ要求仕様書を作成する技法である．顧客や利用者の要求においてシステムが実現すべき機能を，データを処理するプロセスの集まりとして捉える．そのうえで，各プロセスの間のデータの流れを基準にして，システムの機能を表現する．

5.1.1　データフロー図

　データフロー図（data flow diagram：DFD）は，システム内部のデータの流れを図示したもので，移動するデータがどのように変換されるのかを明確に表現する．データフロー図は，図5.1に示す4つの記号の組み合わせで表現される．各構成要素は次のとおりである．

　(1)**プロセス**　入力データから出力データへの変換処理．バブルともいう．円で図示し，その内部に処理の内容を表す名称をつける．

　(2)**フロー**　プロセス間の定常的なデータの流れ（移動）．矢印で図示し，データの内容を表す名称をつける．矢印の方向は，データの流れの向きを示す．

　(3)**データストア**　データを格納する場所．ファイルともいい，格納する媒体は問わない．平行線で図示し，格納するデータの内容を表す名称をつける．通常，データストアの名称はそれに対する入出力フローの名称と同一とし，フローの名称は省略されることが多い．

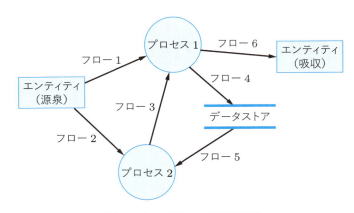

図 5.1 データフロー図の構成要素

(4) **エンティティ** システムの外部に存在する機器，組織，人間など．長方形で表現し，その内容を識別するための名称をつける．エンティティは，データの発生元である**源泉**（ソース）とデータの最終的な行き先である**吸収**（シンク）に分けられる．

5.1.2 データフロー図の階層化

データフロー図では，システム全体を 1 つのプロセスとして捉え，外部エンティティとのデータの流れを記述する．これを**全体文脈図**（コンテキストダイアグラム）という．通常，これに現れる 1 つのプロセスは複数の処理を含んでいる．よって，次に，このプロセスを複数のプロセスに分割し，分割後のプロセスやデータストアの間のデータの流れを明確にしていく（**プロセスの詳細化**という）．図 5.2 にプロセスの

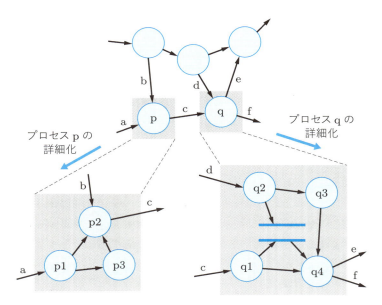

図 5.2 プロセスの詳細化

詳細化の例を示す．

詳細化では，分割前後で入出力データのフローが必ず保持されていなければならない．図 5.2 に示す詳細化前後のデータフロー図をみると，プロセス p が 3 つのプロセス p1, p2, p3 に分割されている．詳細化前のプロセス p には 3 つの入出力フローが関連しており，それぞれのデータは a, b, c である．これらのデータフローは，詳細化前後において保たれる必要がある．詳細化後のデータフロー図をみると，データ a はプロセス p1 に，データ b はプロセス p2 にそれぞれ入力されており，さらに，プロセス p2 からデータ c が出力されている．よって，この詳細化においてデータフローは保持されているといえる．同様に，プロセス q についても，全体としてデータフローが保持されている．

このような詳細化を，それぞれのプロセスに対して，これ以上分解できなくなるまで繰り返す．これを段階的詳細化という．全体文脈図を DFD レベル 0 といい，以降作成されるデータフロー図を，詳細化の段階に応じて DFD レベル 1, DFD レベル 2 という．

プロセスの分割と同時に，**データの分割**が行われることもある．たとえば，図 5.3 では，プロセス p が 4 つのプロセスに分割された際に，同時にデータ b がデータ要素 x とデータ要素 y に分割されている．この場合，データ要素 x と y を合わせると，もとのデータ b になるので，詳細化前後においてデータ a, b, c に関するデータフローは保持されているとみなせる．

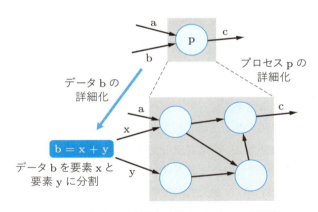

図 5.3 データの分割をともなうプロセスの詳細化

5.1.3 データフロー図における規則

データフロー図の具体例をみる前に，記述に関する規則を述べる．

(1) フローはデータの流れのみを表現するものであり，制御の流れは記述しない．たとえば，プロセスの間に時間的順序関係があっても表現できない．制御の流れを表現したいのであれば，フローチャートなどを用いるのが一般的である．

(2) プロセスには必ず 1 つ以上の入力フローと出力フローがある．プロセスの役割

50　第 5 章　構造化分析

は入力データから出力データへの変換であるため，この規則は必須である．も
し入力フローがなければ源泉エンティティであるし，出力フローがなければ吸
収エンティティとなるはずである．また，データストアは必ずプロセスとつな
がる．

(3)1 つのプロセスに複数の入力フローと複数の出力フローが存在する場合，入出
力データの対応関係は規定されない．データの対応関係を明確に表現したい場
合には，プロセスを適切に分割すればよい．

(4)データの入出力順序は表現できない．ある入力データが別の入力データより先
に到着することや，ある出力データが別の出力データより先に送出されると
いった順序関係はわからない．

(5)起こりうるすべてのデータの流れを記述する．特定の条件において，実際に出
力されるデータを区別して扱うことはできない．

5.2　データフロー図を用いた分析手順

具体的なネット販売業務を例として，構造化分析の手順を示す．

《ネット販売業務の要求記述》

- 注文者は，事前に注文者情報を新規に登録する必要がある．注文者情報とは，注
  文者の氏名，住所，電話番号，初期パスワードを合わせたデータをいう．新規登
  録において，会員管理係は，注文者情報を受け取ると，その注文者がすでに会員
  であるかを検査する．もし会員でなかったら，会員番号を発行し，注文者情報と
  ともに会員情報ファイルに登録する．
- 注文者は，会員情報を変更することができる．その際，注文者は会員管理係にロ
  グイン情報を送付して，会員認証に成功していなければならない．ログイン情報
  とは，注文者の氏名とパスワードを合わせたデータをいう．
- 注文受付係は，注文者から受け取ったログイン情報により会員認証を行う．会員
  認証に成功した注文者だけが，商品の検索や注文ができる．
- 注文受付係は，注文者から商品検索キーを受け取ると，商品管理ファイル内部の
  商品から該当する商品を検索し，それら商品一覧を注文者に返送する．
- 注文者は，注文受付係に注文情報を送ることで，希望する商品を注文することが
  できる．
- 注文受付係は，注文情報を受け取ると，その注文に関する支払完了通知メッセー
  ジの到着を待つ．注文者が商品の購入代金を料金係に支払うと，料金係は支払完
  了通知メッセージを注文受付係に送る．
- 注文受付係は，支払完了通知メッセージを受け取ると，それに該当する商品の発
  送情報を商品管理係に送る．

- 商品管理係は，発送情報を受け取ると，倉庫係に発送依頼メッセージを送る．
- 倉庫係は，発送依頼メッセージを受け取ると，注文者に商品を送付する．
- 商品管理係は，倉庫係から商品管理情報を受け取り，商品管理ファイルに格納する．商品管理情報には，取扱商品情報や，それらの商品の入庫情報および出庫情報が含まれる．

5.2.1 データフロー図の作成

ネット販売業務に登場するプロセスやエンティティを見つけ作成した全体文脈図は，図 5.4 のようになる．ここでは，注文者，料金係，倉庫係をシステム外部のエンティティと認識した．

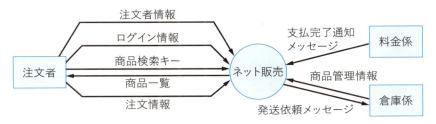

図 5.4 ネット販売業務の全体文脈図

　要求記述から明らかなように，ネット販売業務は大きく，会員管理係，注文受付係，商品管理係に関する業務に分割できる．よって，これらの係の処理をそれぞれ分割後のプロセスと認識する．要求記述に現れる主語は動作の主体であるため，データの送り元であることが多い．述語は，プロセス間のデータの受け渡しを意味している可能性が高く，その動作の目的語はデータの受け取り先やプロセス間を流れるデータの候補となる．たとえば，この例の要求記述に以下のような要求文がある．

　要求文：注文者は，注文受付係に注文情報を送ることで，希望する商品を注文することができる．

この要求文に着目すると，次のようなデータフローが抜き出せる．

　データフロー：注文者 → 注文受付（データ：注文情報）

このようにして図 5.4 の全体文脈図を詳細化すると，図 5.5 のようなデータフロー図が得られる．会員情報ファイルと商品管理ファイルがデータストアとして表現されている．また，各プロセスには，後の詳細化に備えて番号をふっておく．

　次に，注文受付プロセスに着目し，それを詳細化したデータフロー図を図 5.6 に示す．ここでは，プロセス 2 を詳細化したことが明確になるように，分割後のプロセスの番号を 2.1，2.2，2.3 とした．

　さらにデータフロー図の詳細化を進める．いま，プロセス 2.2 の「商品購入」に着目することで，以下の要求記述が追加されたとする．

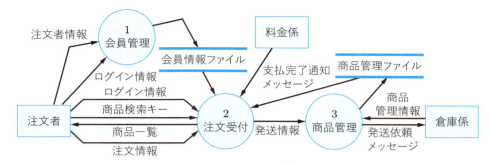

図 5.5 ネット販売業務のデータフロー図（DFD レベル 1）

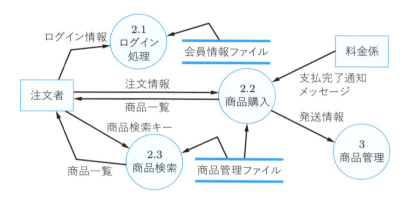

図 5.6 ネット販売業務のデータフロー図（DFD レベル 2）

《ネット販売業務の要求記述（商品購入時の手順に関する追加)》
- 注文情報は，商品選択情報（選択する商品の商品番号と商品選択メッセージ），商品取消情報（選択を取り消す商品の商品番号と商品取消メッセージ），注文確認メッセージ，注文確定メッセージに分けられる．
- 商品選択係は，注文者から商品番号を受け取ると，それをカート情報に追加する．
- 商品取消係は，注文者から商品番号を受け取ると，それをカート情報から削除する．
- 注文確認係は，注文者から注文確認メッセージを受け取ると，カート情報に存在する商品群に関する商品情報を商品管理ファイルから取り出し，注文者に商品一覧として送る．
- 注文確定係は，注文者から注文確定メッセージを受け取ると，カート情報に存在する商品群の商品番号を取り出し，それらを注文情報として振込確認係に送る．
- 振込確認係は，料金係から送られる支払完了通知メッセージを待つ．支払完了メッセージを受け取ると，注文確定係から受け取った発送情報を商品管理係に送る．

追加した要求記述に基づいてプロセス 2.2 を詳細化すると，図 5.7 に示すデータフロー図が得られる．

5.2 データフロー図を用いた分析手順　53

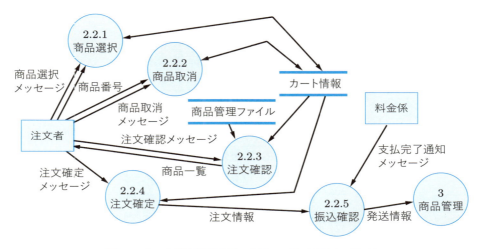

図 5.7　ネット販売業務のデータフロー図（DFD レベル 3）

5.2.2　プロセス仕様

プロセスの分割がこれ以上できないレベルに達した後，それぞれのプロセスの基本処理の内容を**プロセス仕様書**で記述する．プロセス仕様書の記述方法は厳密に規定されてはいないが，主に，構造化言語が用いられる．

構造化言語とは，自然言語での記述に対して，以下の3つの構造で記述するための言語である．

- **連接**：複数の処理を上から下に順番に実行することをいう．
- **選択**：複数の処理のうち，特定の条件を満たす処理だけを実行することをいう．
- **反復**：特定の条件が満たされている間，処理を繰り返し実行することをいう．

図 5.7 のデータフロー図のプロセス 2.2.1 に対するプロセス仕様を以下に示す．下線部分は，構造化言語における選択や反復を表す．たとえば，1 の文の下線部は，その子要素（1 の内部に含まれる 1.1 や 1.2 の文）の内容を繰り返すことを表す．また，1.1 の文の下線部は，その条件文が成立する際に，その子要素（1.1.1 〜 1.1.3 の文）の内容を実行することを表す．

《「2.2.1 商品選択」に関するプロセス仕様》

1　受け取った商品番号に該当する商品をカート情報から取得し，<u>以下の処理を繰り返す</u>．
　1.1　<u>もし</u>，該当商品が見つかった場合，<u>以下の処理を行う</u>．
　　　1.1.1　該当商品の個数をカート情報から取得する．
　　　1.1.2　該当商品の個数を 1 つ増加する．
　　　1.1.3　新しい個数をカート情報に保存する．
　1.2　<u>もし</u>，該当商品が見つからなかった場合，<u>以下の処理を行う</u>．
　　　1.2.1　該当商品をカート情報に 1 つ登録する．
　　　⋮

54　第 5 章　構造化分析

　　構造化言語のほかにも，決定表，決定木，計算式がある．決定表とは，特定の条件が成立するときのシステムの動作（行動）を行列形式で記述したもので，システムの入力と出力の対応表のようなものであると考えればよい（詳細は 10.2.4 項を参照）．決定木とは，条件と動作を表形式ではなく，木構造で表現したもので，実質的には決定表と同じものである．計算式とは，たとえば消費税を計算する式のことである．

▌5.2.3　データ辞書

　　データフロー図によって，変換処理とデータの流れが明確になる．しかし，個々のデータが具体的に何を示しているのか，あるいは，どのような構造をもつのかは不明である．そこで，構造化分析技法では，データフロー図に現れるすべてのデータについて，データ項目を洗い出し，それらの構造を定義する．このように作成したものが**データ辞書**である．

　　データ辞書では，次に示す記法を用いてデータの構造を定義する．

(1) a = b　　a は b に等しい（等価）

(2) a + b　　a と b からなる（連接）

(3) [a | b]　　a または b のどちらかである（選択）

(4) (a)　　a はあってもなくてもよい（任意）

(5) m |a| n　　a が m 回以上 n 回以下繰り返し現れる（反復）．m や n は省略可能である．|a| は a が 0 回以上繰り返し現れること，m |a| は a が m 回以上繰り返し現れること，|a| n は a が n 回以下繰り返し現れることを意味する．

　　データ辞書の例を以下に示す．

　　注文者情報 ＝ 氏名 ＋ 住所 ＋（電話番号）＋ 初期パスワード

　　初期パスワード ＝ 4 |英数字| 8

　　注文情報 ＝［商品選択情報 | 商品取消情報 | 注文確認情報 | 注文確定情報］

5.3　構造化分析におけるその他の手法

　　データフロー図，プロセス仕様，データ辞書により，データの流れや構造が明確になるが，データベースシステムやリアルタイムシステムの仕様化においては，これら 3 つの図式だけでは不十分である．そこで，データフローに基づく分析を補うのが，実体関連図と状態遷移図である．

▌5.3.1　実体関連図

　　データの構造やデータ間の関係が，つねにデータ辞書で簡単に記述できるとは限らない．また，システムの機能をデータの流れだけで捉えるのでは不十分なこともある．このような場合，実体（エンティティ）間の関連を図示した**実体関連図**（entity-relationship diagram：ER 図）を用いる．実体とは，システム内に存在する管理対象，たとえば，

人，もの，お金，場所であり，名前をもつ長方形で表現される．具体的なものだけでなく，抽象的な概念や目に見えないものでもよい．関連とは，実体間の結びつきであり，関連名をもつひし形で表現する．

ネット販売システムにおける実体関連図の例を図 5.8 に示す．図に現れる実体と関連はそれぞれ 4 つである．たとえば，「注文者」と「商品」には「購入する」という関連，「注文者」と「注文者情報」には「登録する」という関連がある．

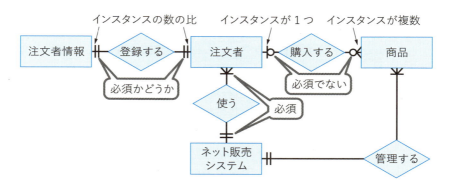

図 5.8 実体関連図の例

実体関連図では，関連する実体のインスタンス（具体的な要素）の数や必須を表現する記号を，関連を表す実線の両端に付与できる．関連からみて外側の記号（実体に近い側の記号）は，実体のインスタンスの数が 1 つ，あるいは多数なのかを表す．関連から見て内側の記号は，関連が必須であるか否かを表す．

「注文者」から見ると，「商品」は複数存在してよい．よって，「商品」のすぐ隣に，多数を表す記号（3 本足）が付与されている．また，「商品」から見ると，「注文者」は必ず 1 つである（同じ商品の異なるインスタンスを複数の人が注文することは可能であるが，商品の同じインスタンスを同時に複数の人が注文することはできない）．よって，「注文者」のすぐ隣に単数（1 つ）を表す記号（1 本棒）が付与されている．

ネット販売において，「注文者」は必ず「ネット販売システム」を「使う」．つまり，「注文者」から見て，「ネット販売システム」は必須である．また，「ネット販売システム」は単独では存在せず，必ず「注文者」と結びついている．つまり，「ネット販売システム」から見て，「注文者」は必須である．一方，「注文者」は「商品」を購入することも，購入しないこともできる．よって，「注文者」からみて，「商品」は必須ではない．これを白丸記号で表す．

5.3.2 状態遷移図

事務処理系のシステムでは，タイミング制御などをあまり考える必要がないため，データフロー図だけで要求を仕様化できることが多い．しかし，リアルタイムシステム，制御系システム，通信システムなどでは，入出力に関する変換処理よりも重要な，イベントによる状態や動作の変化を取り入れる必要がある．このようなシステムの要

求を仕様化する際には，**状態遷移図**を使う．

　状態遷移図を用いた分析では，システムを状態機械とみなす．これは，内部状態をもち，外部とイベントをやりとりすることで状態を変えていく機械であり，同じイベントが到着しても，状態に応じて応答は変化する．

　状態遷移図では，システムがとりうる状態を四角で表現する．さらに，状態が遷移する経路を矢印で表現する．遷移を誘発させるイベントが発生した場合に，矢印に基づき状態が遷移する．矢印には，遷移にともない実行されるアクションを記述することもできる．

　図 5.9 に，ネット販売システムの状態遷移図の例を示す．起動したばかりのネット販売システムは，注文者からの接続待ち（「待受状態」）となる．注文者が，システムにログインしようとすると，システム内部に「ログイン」イベントが発生し，システムの状態は「ログイン中」に遷移する．その際，システムはアクション「メニュー表示」を実行する．この状態において，注文者がログアウトを要求すると，システム内部に「ログアウト」イベントが発生し，システムの状態は「待受」に戻る．また，注文者からの接続が一定時間途切れた場合，システムは「タイムアウト」イベントを発生させる．いま，システムの状態が「ログイン中」の場合，このイベントが発生すると，システムの状態は「待受」に遷移する．もしシステムの状態が「待受」の場合には，「タイムアウト」イベントが発生しても，遷移は起こらない．

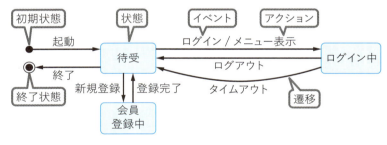

図 5.9　状態遷移図の例

ポイント

- ソフトウェアが動作するシステムの機能に着目して，要求を仕様化する技法に**構造化分析**がある．この技法では，主に**データフロー図**という図的表現を用いる．
- データフロー図を用いた分析では，**全体文脈図**の作成から始めて，プロセスやデータを段階的に分割することで，システムの機能の仕様化を行う．
- データフロー図の詳細化においてプロセスを分割する際，分割前後で入出力データのフローが必ず保持されていなければならない．
- データフロー図の階層化において，プロセスがこれ以上分割できないレベルに達した後，それぞれのプロセスの基本処理の内容を**プロセス仕様書**で記述する．プ

ロセス仕様書の記述には，構造化言語，決定表，決定木，計算式などが用いられる．

● データフロー図に現れるデータの構造を定義するために，**データ辞書**が用いられる．

● データベースシステムやリアルタイムシステムの仕様化においては，データフロー図以外に，**実体関連図**や**状態遷移図**が用いられる．

演習問題

5.1 データフロー図を構成する4つの要素を説明せよ．

5.2 構造化分析技法における段階的詳細化とは何かを説明せよ．

5.3 データフロー図の詳細化において，守らなければならない重要な約束を説明せよ．

5.4 実体関連図とは，何を表したものであるかを説明せよ．

5.5 状態遷移図における，状態，イベント，アクションの関係を電話を例に説明せよ．

第6章
オブジェクト指向分析

keywords

オブジェクト，カプセル化，メッセージパッシング，クラス，インスタンス，関連，継承，集約，UML，ユースケース図，クラス図，アクティビティ図，シーケンス図，状態図

　データとそれに対する処理をまとめたオブジェクトに着目し，オブジェクトの構造や振る舞いを明確にすることで，顧客や利用者の要求を仕様化する技法をオブジェクト指向分析という．

　本章では，まずオブジェクト指向の考え方とオブジェクト指向の基本概念を述べる．その後，オブジェクト指向に基づく開発方法論とオブジェクト指向分析手順に関して説明する．

6.1　オブジェクト指向とは

　現実世界のモデルをソフトウェアで直接的に表現することを目的に，オブジェクトを構成単位として，ソフトウェアを構築する枠組みを**オブジェクト指向**（object-oriented analysis：OOA）という．構造化分析（第5章を参照）で説明したシステムの処理を段階的に詳細化するという考えは，「何をするのか」という機能の観点に基づく．また，システムの構造を，実体関連図（5.3.1項を参照）により明確化するという考えは，「何でできているのか」という構造の観点に基づく．オブジェクト指向では，これら2つの観点に加えて，「何と似ているか」という分類の観点を追加する．これら3つの観点から捉えた事象を**オブジェクト**（操作の対象となっているデータ）で表現し，それを中心にシステムを構築する．つまり，機能，構造，分類のすべての観点からシステムを分析し，それをソフトウェアとして実現していく．人間の認知方法にできるだけ近づけたアプローチであるため，オブジェクト指向により構築されたモデルは人間にとって理解しやすい．

　図6.1に，第5章で取り上げたネット販売業務に対する，現実世界とオブジェクト指向におけるモデルの例を示す．現実世界に登場する物体や概念が，オブジェクト指向モデルのオブジェクトにそれぞれ対応している．

　オブジェクト指向では，機能の観点から，注文者がプリンタやスマートフォンを買うことを認識できる．構造の観点からは，プリンタの構成部品や特性（大きさや重さ）を考えることができる．また，分類の観点から，プリンタとスマートフォンはどちら

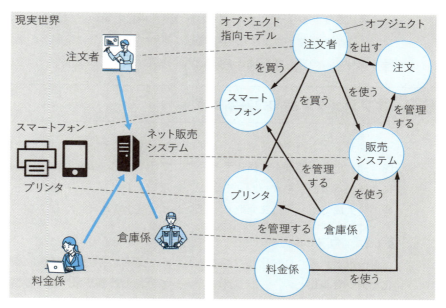

図 6.1 現実世界とオブジェクト指向モデルの例

も販売商品であるという共通点を見つけることができる．

　オブジェクトには，人や本のような物理的なものだけでなく，役割や概念も含まれる．役割とは相対的な立場のことであり，注文者や管理者などが対応する．注文者や管理者は同じであってもよく，1人の人物があるネット販売では注文者という役割，別のネット販売では管理者という役割を果たすことがある．オブジェクト指向では，これらの役割を，それぞれ異なるオブジェクトとして認識する．概念とは，注文など直接手でつかめないものに対応することが多い．オブジェクト指向では，このような概念もオブジェクトとして登場する．

　ここで示した定義に従うと，実世界に登場するすべての「もの」をオブジェクトとみなせるが，実際にはもう少し厳密に考えて，次の性質をもつものをオブジェクトという．

(1) **状態**　オブジェクトの現在の様子．たとえば，状態は形や色など時間や条件によって変化する．「ログイン中」など，現在の状況も状態と考えることができる．

(2) **振る舞い**　オブジェクトが実行できる動作．外部に提供するサービスだけでなく，内部の状態を変化させる動作も含む．

(3) **識別性**　あるオブジェクトが他のオブジェクトと明確に区別できること．仮に，2つのオブジェクトの状態や振る舞いが同じであっても，それらは異なるオブジェクトである．識別子を付加することで，それぞれのオブジェクトを区別できる．

　オブジェクト指向に基づき作成されたソフトウェアでは，オブジェクトの状態は**属性**，振る舞いは**操作**で実現するのが一般的である．よって，オブジェクト指向分析で

は，適切なオブジェクトを見つけ，その属性や振る舞いを定義することが主な作業となる．通常，ソフトウェアの実行時に，各オブジェクトには固有の識別子が暗黙的に割り振られるので，識別性について分析者が意識する必要はない．

6.2 オブジェクト指向の基本概念

オブジェクト指向分析では，オブジェクトの構造や振る舞いを明確にすることで，顧客や利用者の要求を仕様化する．ここでは，オブジェクト指向分析を理解するために必要な基本概念を6つ取り上げる．ただし，オブジェクト指向はさまざまな開発技術の集大成であり，ここで取り上げなかった概念も数多く存在する．

6.2.1 カプセル化

データと，それに特化した処理をまとめた抽象データ型の概念に基づくモジュール化を**カプセル化**という．これは，モジュール分割の評価基準における情報的強度（8.2.1項を参照）に相当する．

図6.2に，オブジェクトとそのカプセル化の様子を示す．「商品名」「メーカー」など，現実世界においてプリンタの所有するデータは，プリンタオブジェクトにおいて属性として保持される．また，プリンタオブジェクトには，「価格を取得」「価格を変更」など，これらの属性に対する処理として操作が定義されている．

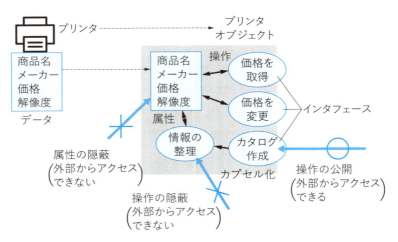

図6.2 オブジェクトとそのカプセル化

カプセル化の最大の利点は**情報隠蔽**である．オブジェクトの属性は，カプセル化により外部から隠蔽できる．つまり，外部からアクセスできない．外部からのアクセスが必要な場合は，専用の操作を用意し，アクセスが妥当なものであるかを検査する．たとえば，属性へのアクセスの前に，アクセス権限を検査する処理を追加することで，属性が不当に読み取られたり，書き換えられたりすることを避けることができる．ま

た，カプセル化を用いることで，外部に公開する操作と内部に隠蔽する操作に分離できる．外部に公開する操作の集合を**インタフェース**といい，これはオブジェクトがどのような操作を受け付けるのかを規定する．外部からはインタフェースしか見えないため，このオブジェクトを利用する開発者は内部の属性や操作に関する実装を知る必要がない．さらに，インタフェースと処理内容さえ変更しなければ，データ構造やアルゴリズムなどの内部実装を，このオブジェクトの開発者が自由に変更できる．

図では，「情報の整理」以外の3つの操作が外部に公開されているため，他のオブジェクトは，これらの操作を呼び出すことができる．たとえば，プリンタの価格を知りたい場合，操作「価格を取得」を呼び出せばよい．

6.2.2 メッセージパッシング

メッセージパッシングとは，個々のオブジェクトに処理を依頼するしくみである．具体的には，オブジェクトに対する操作の呼び出しに相当する．

図6.3にメッセージパッシングの様子を示す．倉庫係が商品管理オブジェクトにメッセージを送る（操作「商品一覧作成」を呼び出す）と，それを受け取った商品管理オブジェクトは，まず表紙を作成する（操作「表紙作成」を呼び出す）．次に，それぞれのプリンタオブジェクトにメッセージを送る（操作「カタログ作成」を呼び出す）．メッセージを受け取ったプリンタオブジェクトは，各自プリンタ情報を整理する（操作「情報の整理」を呼び出す）．このような一連のメッセージ送付（操作の呼び出し）により，商品一覧が作成される．このように，各オブジェクトは自分の責任で処理できることだけを行い，それ以外は別のオブジェクトに依頼（委譲）する．依頼によりメッセージが伝播することで，ソフトウェア内部のオブジェクトは互いに協調し，最終的に大きな仕事をする．

図6.3　メッセージパッシング

6.2.3 クラスとインスタンス

共通する属性や操作をもつオブジェクトを抽象化することで，それらの本質を記述したひな形を考えることができる．このひな形を**クラス**という．

たとえば，図6.4に示すように，種類の異なる2台のプリンタがあるとする．これらのプリンタの商品名，メーカー，価格，解像度は異なっていても，これらの属性をもつことと，送られてきたデータを印刷することは，どちらも同じである．よって，これら2つのプリンタに対応するオブジェクトは，プリンタクラスで抽象化できる．プリンタオブジェクトの所有する共通の属性と操作は，そのままプリンタクラスの属

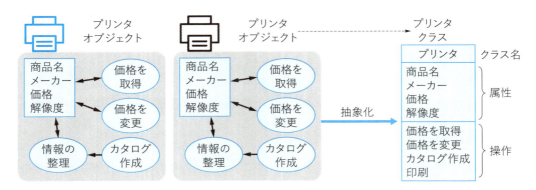

図 6.4 オブジェクトとクラス

性と操作になる．クラスは，通常，3つの区画をもつ四角形で表現される．3つの区画には，上段にクラス名，中段に属性，下段に操作を記述する．

クラスは，オブジェクトの設計図としての役割をもつため，クラスを用いて新しいオブジェクトを生成できる．たとえば，一度プリンタクラスを作成すれば，そのクラスから3台目以降の新しいプリンタオブジェクトを随時生成できる．このようにクラスから生成されたオブジェクトを**インスタンス**，クラスからオブジェクトを生成することをインスタンス化という．同じクラスから生成されたインスタンスの属性と操作は同一である．一方で，異なるインスタンスは独立して扱い，異なる属性値（内部状態）をとれる．

オブジェクト指向では，通常，クラスを中心にしてソフトウェアを構築する．つまり開発者は，分析によりクラスやクラス間の関係を抽出し，それらのクラスを設計および実装する．ソフトウェアの実行時に，クラスからインスタンスが生成され，インスタンスがメッセージをやりとりすることで計算が行われ，顧客や利用者の要求が実現される．

6.2.4 関連

オブジェクトは，メッセージパッシングにより他のオブジェクトと協調する．その際，あるオブジェクトが別のオブジェクトを利用する関係を**関連**という．正確にいうと，オブジェクト間の利用関係である**リンク**を抽象化したクラス間の利用関係を関連という．

たとえば，図 6.1 に示した現実世界において，注文者はプリンタを買える．この場合，オブジェクト指向モデルにおいて，注文者オブジェクトはプリンタオブジェクトに対して「買う」というリンクをもつ．いま，任意の注文者が任意のプリンタを買う可能性があるため，それらを抽象化すると，注文者クラスとプリンタクラスの間には「買う」という関連が成立する．通常，関連には方向があるので，関連元と関連先（どちらが主体となるのか）に注意する必要がある．関連は，2つのクラスを実線でつないで表現する．

6.2.5 継承

継承（インヘリタンス）とは，共通の性質をもつ複数のクラスにおいて，その性質を共有させることで冗長性を削除するしくみである．図6.5に示す2つのクラス（プリンタとスマートフォン）を考える．これら2つのクラスの属性と操作を見ると，共通する部分が多く含まれていることがわかる．よって，これらの共通部分を継承により括れば，冗長性を削除できる．また，継承により，これら2つのクラスはともに販売商品として分類される．

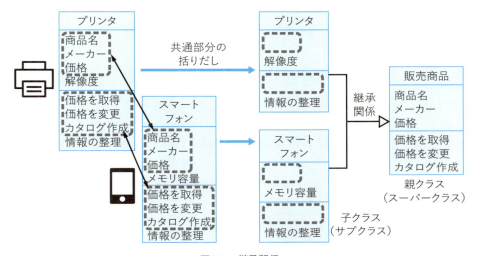

図6.5 継承関係

継承関係を構築する際には，プリンタクラスとスマートフォンクラスで共通の属性と操作を括りだし，新たに作成した販売商品クラスに移動する．移動後のプリンタクラスだけが属性「解像度」をもつため，その属性はそのままプリンタクラスに残す．同様に，属性「メモリ容量」はそのままスマートフォンクラスに残す．属性「情報の整理」に関しては，操作名が同じではあるが，整理の方法が異なると判断し，それぞれのクラスにそのまま残してある．

継承関係は，三角形を頂点とする矢印でクラス間を結んで表す．このとき，三角形の付いたほうが親クラス（あるいはスーパークラス），付いていないほうが子クラス（あるいはサブクラス）という．図6.5を例にとると，販売商品クラスはプリンタクラスとスマートフォンクラスの親クラスであり，反対に，プリンタクラスとスマートフォンクラスは販売商品クラスの子クラスである．子クラスは，親クラスで定義された属性と操作を引き継ぎ，それらを自分の属性や操作と同じように扱うことができる．つまり，子クラスから生成したインスタンスは，生成元の子クラスとその親クラスの属性と操作を所有することになる．継承は推移的であり，子クラスの子クラスも子クラス（子孫クラス）である．同様に，親クラスの親クラスも親クラス（祖先クラス）である．

継承は，クラス間に静的に密な関係を構築する．よって，モジュールの独立性を高めるという観点からは，不必要に利用しないほうがよい．たとえば，クラスの実装だけを再利用したり，性質の一部だけを引き継いだりする目的には，一般に継承を用いないほうがよい．また，継承において，子クラスは親クラス（の一種）であり，親クラスのすべての性質を引き継がなければならない．図 6.5 の例でいえば，プリンタクラスは販売商品クラスのすべての性質を引き継ぐことで，販売商品クラスと同じように振る舞う．すなわち，販売商品クラスのインスタンスの代わりにプリンタクラスのインスタンスを使用できることを前提としている．このような関係が構築できる，あるいはしたい場合にのみ，継承を用いるべきである．

6.2.6 集約

図 6.6 に示すように，通常，プリンタはいくつかの部品で構成されている．このような全体とその構成部品（部分）の関係を**集約**（アグリゲーション）という．言い換えると，複数の異なる部分オブジェクトを束ねて扱うしくみである．継承関係が静的（プログラムの作成時）に決定されるのに対して，集約関係は動的（ソフトウェアの実行時）に切り替えることができる．集約関係は，ひし形を頂点とする矢印で表し，ひし形のついたほうが全体を表す．図では，プリンタクラスが全体を表す．

図 6.6　集約関係

集約関係は，全体オブジェクトと部分オブジェクトに強い所有関係があるとき，特別に**複合**（コンポジション）という．強い所有関係とは，部分オブジェクトが他の部分全体オブジェクトに同時に共有されることがなく，これらのオブジェクトの使用期間が一致することをいう．図のプリンタでいうと，トナーが交換可能であれば，その使用期間はプリンタの使用期間と一致しないので，単純な集約関係である．これに対して，トナーが交換できない一体型プリンタの場合，プリンタを破棄すると同時にトナーも破棄される．このような場合，複合関係となる．一般に，集約と複合のどちらを用いるかの判断を分析や設計の初期段階で行うことは難しいため，とくに複合関係を強調したい場合を除き，集約関係を用いる．

6.3 オブジェクト指向開発方法論

オブジェクト指向開発方法論とは，オブジェクト指向に基づきソフトウェアを開発

6.3 オブジェクト指向開発方法論　　**65**

するプロセスと，オブジェクト指向ソフトウェアのモデル化（表記法）の両方のこと
をいう．ここでは，まずオブジェクト指向開発プロセスの特徴と，オブジェクト指向
開発において標準的に用いられている UML について説明する．次に，オブジェクト
指向開発の利点を，第 5 章で説明した機能中心アプローチと比較して述べる．

6.3.1　オブジェクト指向開発プロセス

　構造化分析・設計では，分析，設計，実装において利用する計算モデルや成果物に
ギャップがあり，それぞれの工程を行き来することは容易でない．

　これに対して，オブジェクト指向では，開発のあらゆる段階においてオブジェクト
（あるいはクラス）に着目しており，クラスやオブジェクトの記法も同一である．こ
のように，各段階における作業がシームレスに行えることより，オブジェクト指向で
は，通常，2.3.3 項で説明した進化型プロトタイピングが採用されている．これは，
次の 2 つのプロセスを混合させたものである．

(1)イテラティブ（反復的）ソフトウェア開発　分析，設計，実装，評価の各段階
　　を連続的に繰り返し実施することで開発を行う方法．
(2)インクリメンタル（漸増的）ソフトウェア開発　ソフトウェアを部分に区切り，
　　少しずつ段階的に開発していく方法．

6.3.2　UML

　1980 年代後半から 1990 年代にかけて，数多くのオブジェクト指向開発方法論が提
案されたが，表記法については UML（Unified Modeling Language）が業界標準となっ
ている．UML はモデルの統一的表記法であり，開発プロセスとは独立である．表 6.1
に UML におけるそれぞれの図の説明を示す．オブジェクト指向開発では，必要な図
だけを実際の開発にとり入れればよい．

表 6.1　UML における図

側面	図	説　明
構造	クラス図	クラスの構造（属性や操作）とクラス間の静的な関係
	オブジェクト図	ある時点でのオブジェクトの状態とオブジェクト間の関係
	パッケージ図	パッケージの構成とパッケージ間の依存関係
	複合構成図	実行時のクラスの内部構造
	コンポーネント図	コンポーネントの構造と依存関係
	配置図	システムにおける物理的な配置
振る舞い	ユースケース図	システムの提供する機能と利用者の関係
	アクティビティ図	作業の順序と並行性
	状態機械図	オブジェクトの状態とイベントによる状態遷移
	シーケンス図	オブジェクト間の相互作用の時系列
	コミュニケーション図	オブジェクト間の相互作用のリンク
	タイミング図	オブジェクトの相互作用のタイミング
	相互作用概要図	シーケンス図とアクティビティ図の概要

6.3.3 オブジェクト指向の利点

構造化分析で用いる機能中心アプローチとオブジェクト中心アプローチの違いを図6.7に示す．図(a)の機能中心アプローチでは，商品管理システムの機能として，「カタログ作成」を抽出し，それを手続き（関数）で実現する．

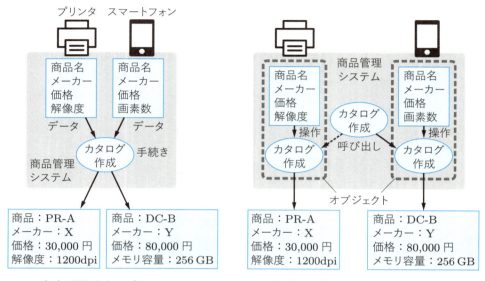

（a）機能中心アプローチ　　　　　（b）オブジェクト中心アプローチ

図6.7　機能中心アプローチとオブジェクト中心アプローチによるモデル化の比較

いま，図(a)に示す商品管理システムにおいて，プリンタのデータ構造に変更が生じたとする．この場合，手続き「カタログ作成」を変更しなければならない．ここで問題なのは，手続き「カタログ作成」はプリンタのデータだけを扱っているわけではない点である．プリンタのデータ構造だけが変更されていることがわかっているにもかかわらず，手続き「カタログ作成」全体を調査し，スマートフォンのデータの処理を変えないように，慎重に書き換える必要がある．

これに対して，図(b)に示すオブジェクト中心アプローチでは，プリンタのデータとスマートフォンのデータを処理する操作は，それぞれのクラスで独立に定義されている．

さきほどと同様に，図(b)に示す商品管理システムにおいて，プリンタのデータ構造に変更が生じたとする．この場合，プリンタクラスの操作「カタログ作成」だけを変更すればよく，スマートフォンクラスを調査あるいは変更する必要はない．

また，商品管理システムに，新しい商品としてテレビを追加する場合を考える．図(a)では，手続き「カタログ作成」を拡張することになるが，新規に加えた処理がもとの処理に矛盾しないように注意深く作業を行わなければならない．一方で，図(b)では，新規にテレビクラスを作成し，その内部にテレビのデータのみを扱う操作「カタログ作成」を記述するだけでよい．新たにテレビクラスを追加したことによる影響

が，他のプリンタやスマートフォンのクラスに及ぶ可能性は低い．このように，オブジェクト指向を採用することで，変更や拡張が容易になる．

6.4 オブジェクト指向分析の手順

第 5 章で扱った「ネット販売業務」を例として，オブジェクト指向分析を取り上げる．

6.4.1 ユースケースの抽出

ユースケースとは，利用者がどのようにシステムを使用するのかを表す典型的な事例である．ユースケース図では，システムとやりとりする外部の実体（人間や装置など）が果たす役割をアクタ（イニシエータともいう）で表し，これらの関係を明確化する．

図 6.8 にユースケース図を示す．**ユースケース図**を記述する際には，まずシステムの境界を明らかにする．図において，四角形が境界を表し，その外側がシステムの外部である．各ユースケースは，その内部に使用例を記述した楕円で表す．また，アクタは人型のアイコンで記述する．

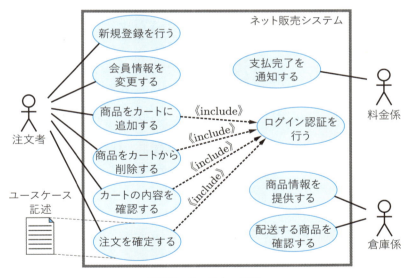

図 6.8　ユースケース図

ユースケースとアクタに関係がある場合，それらが実線で結ばれる．図では，注文者は実線で結ばれた左側の 6 つのユースケースを実行できる．一方で，実線で結ばれていないユースケースは実行できない．図では，注文者が「支払完了を通知する」ことは許されていない．

ユースケース図には，ユースケースどうし，あるいは，アクタどうしの関係も記述できる．図の《include》は，特定のユースケースが別のユースケースを取り込んで

68 第6章 オブジェクト指向分析

利用することをいう．たとえば，「注文を確定する」は，その内部で「ログイン認証」を実行する．

　ユースケースにおける特定の使い方を定義したものは，ユースケース記述という．これは，一般にシナリオ形式で記述される．図 6.8 の「注文を確定する」に関するユースケース記述の例を図 6.9 に示す．**ユースケース記述**では，利用者の操作が正常に実行された場合だけでなく，利用者の操作が失敗した際の例外処理も記述する．また，ユースケースを実行する前に成立していなければならない条件を事前条件，ユースケースの実行後に成立している条件を事後条件として記述することもできる．

名称　　　　注文を確定する
開始アクタ　注文者
目的　　　　カートに存在する商品を購入する．
事前条件　　注文者はログイン認証に成功している．

正常処理シナリオ
1. 注文者が，注文確定ボタンを押す．
2. システムは，カート内の商品の合計金額を計算する．
3. システムは，カートの内容と合計金額を表示する．
4. 注文者が，クレジットカード番号を入力し，購入ボタンを押す．
5. システムは，料金係に注文者の支払状況を確認する．
6. 支払が成功すると，支払完了を通知する．
7. システムは，倉庫係に商品の発送を依頼する．
8. システムは，カートを空にする．
9. システムは，商品の在庫を更新する．

例外処理
5 で支払が失敗する．
　a. システムは支払失敗メッセージを表示する．

図 6.9　ユースケース記述

6.4.2　クラスの同定とクラス図の作成

　ユースケースや要求仕様から，システムに登場するオブジェクトを洗い出し，クラスを抽出する．次に，抽出したクラス間に存在する関連を洗い出し，おおまかな**クラス図**を作成する．これを**概念モデル**という．

　図 6.10 に概念モデルの一部（注文者に関係する部分のみ）を示す．図において，《actor》はユースケース図のアクタに対応し，《entity》はそのクラスがデータを保持することを表す．クラス間に引かれた実線は関連である（関連名に付与された三角形は関連の方向を示す）．また，関連の両端には**多重度**が付与されている．多重度とは，1 つの関連（正確にはリンク）に対して，各クラスのインスタンスが何個結びついているのかを表している．多重度 "1" は，1 つのインスタンスが，"＊" は 0 個以上のインスタンスが結びついていることを示す．たとえば，図の注文者クラスと注文者情報クラスの関連では，それぞれの多重度は "1" なので，1 つのリンクに対して注文者クラスのインスタンスと注文者情報のインスタンスは 1 つずつである．つまり，各

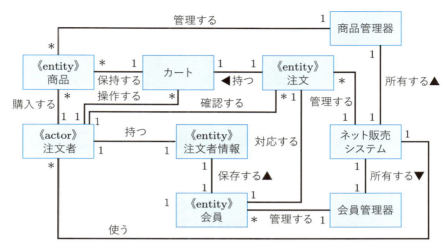

図 6.10　ネット販売システムの概念モデル

　注文者クラスのインスタンスは，必ず 1 つの注文者情報クラスのインスタンスを保持し，さらに，各注文者情報クラスのインスタンスは，必ず 1 つの注文者クラスのインスタンスに保持される．同様に考えると，商品管理器クラスのインスタンスは，商品クラスのインスタンスを 0 個以上管理することがわかる．各クラスの管理するインスタンスの数が明確に要求仕様に記述されていない場合，分析工程では，多重度が 1 あるいは多であることを示す程度で十分である．

　概念モデルの作成後に，クラスの操作と属性を抽出し，クラス図を完成させていく．クラス間の操作，属性，継承関係，集約関係を追加したクラス図（注文に関する一部のみ）を図 6.11 に示す．

　ここで，必要なクラスを見つける際，**ロバストネス分析**が利用できる．ロバストネス分析では，ユースケースに登場するオブジェクトを，バウンダリ，エンティティ，

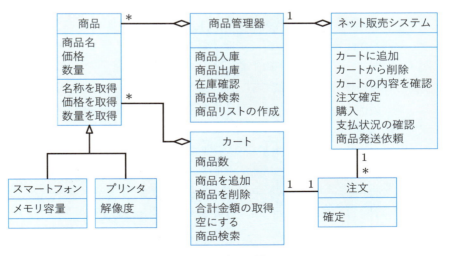

図 6.11　クラス図

コントロールの3種類のクラスに分類する．バウンダリは，画面，ダイアログ，メニューなど，アクタが相互作用するインタフェースを表す．エンティティは，ソフトウェアシステム内部で（半）永久的に管理するデータを表す．これは，そのままデータベースのテーブルになることが多い．コントロールは，相互作用を管理するための処理を表す．ロバストネス分析により作成されるロバストネス図は，UMLには含まれていないが，実際の開発現場で利用されることが多い．

また，**ドメイン駆動開発**（Domain-Driven Development：DDD）では，クラス抽出に関するパターンを提供している．たとえば，数字や文字，文字列，色，金額など値が等価であることに意味があるものは，同一性を値で判定する「値オブジェクト」で表現する．一方，オブジェクトのもつ値ではなく，オブジェクトそのものの同一性に意味があるものは，参照により同一性を判定する「エンティティ」（参照オブジェクトともいう）で表現する．ネット販売システムに登場する利用者を表現したオブジェクトは，氏名や住所の値が変更されても，利用者が同一であることを担保する必要があるため，「エンティティ」となる．

オブジェクト指向に登場する概念の中には，「値オブジェクト」や「エンティティ」で表現すると不自然なものがある．たとえば，ネット販売システムにおいて，同一の利用者が同一の商品を過去に購入していたかどうかを検査する処理を，利用者オブジェクトおよび商品オブジェクトのどちらかに割り当てるのは不自然である．このような処理は，利用者オブジェクトや商品オブジェクトを管理するリポジトリへの問い合わせを専門に行う「ドメインサービス」として定義するのが自然である．

▌6.4.3　振る舞いの記述

オブジェクト間の動的な関係は，UMLの振る舞いモデルで表現する．**アクティビティ図**は，複数のアクティビティ間の実行順序を表現する．**アクティビティ**とは，ある機能を実現するための作業の単位である．

図6.12に，「注文を確定する」ユースケースに対応するアクティビティ図を示す．四角形がアクティビティを，ひし形は分岐を表し，それぞれの分岐に条件（ガード）が記述される．●は開始状態，◉は終了状態である．アクティビティ図では，並行動作を表現することもできる．太い実線は，並行動作の開始と終了（同期）である．

アクティビティ図がシステム全体の作業の流れを表現するのに対して，**シーケンス図**は個々のオブジェクトのメッセージの送受信を時系列で表現する．これは，メッセージの流れを直感的に捉えるのに適している．通常，シーケンス図は，ユースケースごとに作成する．

図6.13に，ユースケース「注文を確定する」に対応するシーケンス図を示す．この図では，横軸にオブジェクトを並べる．縦軸は時間を表し，メッセージは上から下の順番に送受信される．各オブジェクトから真下に引かれた破線を**生存線**という．また，生存線の上に配置された長方形は，各オブジェクトが何らかの処理を行っている

6.4 オブジェクト指向分析の手順　71

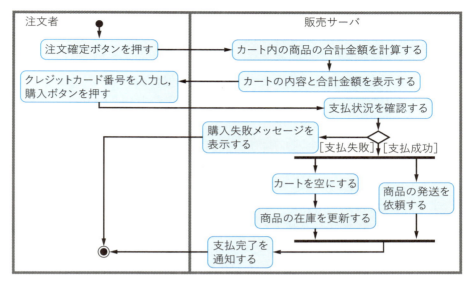

図 6.12　アクティビティ図

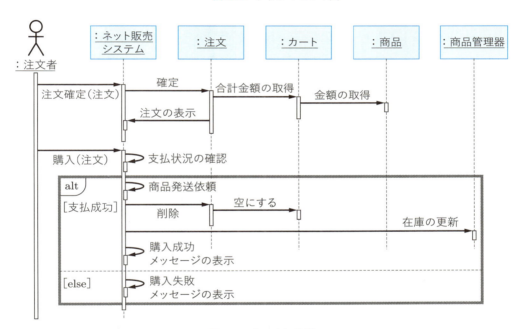

図 6.13　シーケンス図

ことを表す**活性区間**である．

　非活性状態のオブジェクトがメッセージを受け取ると，それが活性化され，受け取ったメッセージに対応する処理を実行する．活性化されたオブジェクトが，別のオブジェクトにメッセージを送ることもある．処理が完了したオブジェクトは，メッセージの送信先に結果を返し，また非活性状態に戻る．図において，活性区間が重なっている部分は，自分自身にメッセージを送信する**自己呼び出し**である．一般に，シーケンス

図に現れるメッセージは，各オブジェクトに対応するので，シーケンス図を記述することでクラスの操作が抽出できる．

シーケンス図では，時系列を分岐させることができる．たとえば，図 6.13 では，選択（alt）を指定することで，2 つの時系列を同時に表現している．支払が成功した場合には，"支払成功" の文字の横に並ぶ時系列が実行される．それ以外の場合には，"[else]" の横の時系列が実行される．

オブジェクト間の動的な関係はシーケンス図によって記述できるが，これだけではオブジェクトの振る舞いを決定するのに不十分である．そこで，個々のオブジェクトの動的な振る舞いは，**状態図**で表現する．

図 6.14 に，オブジェクト「カート」の状態図を示す．2 つの四角は，それぞれ状態を表す．アクティビティ図と同様に，●は開始状態，◉は終了状態である．また，矢印は状態の遷移を表す．たとえば，「空」状態にある「カート」オブジェクトが「商品選択」イベント（矢印に付与されたラベルの最初の項目）を受け取ると，「空でない」状態に遷移する．そのとき，オブジェクトの動作として，「商品をカートに追加」と「商品数を 1 つ増やす」（矢印に付与されたラベルの 2 番目以降の項目）が実行される．イベントを表すラベルに現れる角括弧（ブラケット）は，状態遷移のガード条件である．たとえば，「空でない」状態にある「カート」オブジェクトが「商品取消」イベントを受け取り，かつ，ガード条件（商品数 = 1）を満たすとき，「空」状態に遷移する．

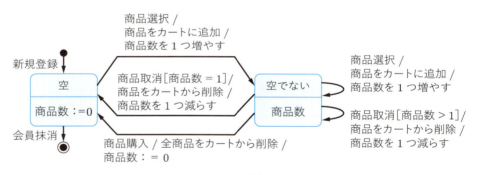

図 6.14　状態図

6.4.4　モデルの洗練

振る舞いの分析が終了したら，再度クラス図の作成に戻り，それぞれの図を洗練していく．ここで紹介しなかった図に関しても，分析，設計，実装の各段階で適時必要に応じて記述する．たとえば，オブジェクト図を記述することで，クラス間の関係に抜けがないかが確認ができる．また，タイミングが重要なシステムではタイミング図の記述が要求される．さらに，実装工程に近づくと，パッケージ図，コンポーネント図，配置図を記述する．

ポイント

- データとそれに対する処理をまとめたオブジェクトに着目し，オブジェクトの構造や振る舞いを明確にすることで，顧客や利用者の要求を仕様化する技法が**オブジェクト指向分析**である．

- オブジェクト指向では，**オブジェクト**がソフトウェアの主な構成要素である．オブジェクトとは，人間が認知できる具象的あるいは抽象的な「もの」であり，状態，振る舞い，識別性という3つの性質を備えている．

- オブジェクト指向ソフトウェアにおいては，オブジェクトの状態は**属性**，振る舞いは**操作**で実現するのが一般的である．

- データとそれに特化した処理をまとめ，外部からのアクセスを制限するしくみが**カプセル化**である．オブジェクト指向では，カプセル化により，情報隠蔽を実現している．

- 共通する属性や操作をもつオブジェクトを抽象化することで作成したひな形が**クラス**である．また，クラスから生成したオブジェクトを**インスタンス**という．

- 現在までに数多くのオブジェクト指向開発方法論が提唱されてきているが，表記法については **UML** が業界標準となっている．

- 利用者がどのようにシステムを使用するのかを表す典型的な事例を表現したものが**ユースケース図**である．

- **クラス図**は，クラスの構造，および，クラス間に成立する関係（関連，継承関係，集約関係）を整理するために用いる．

- オブジェクト間の動的な関係（振る舞い）を明確化するための図式表現に，**アクティビティ図**，**シーケンス図**，**状態図**がある．

演習問題

6.1　オブジェクト指向分析と構造化分析（第5章）の観点の違いを説明せよ．

6.2　オブジェクト指向におけるカプセル化を説明せよ．

6.3　クラスとインスタンスの関係について説明せよ．

6.4　ユースケース図におけるユースケースとアクタを説明せよ．

6.5　クラス図において関連と多重度を説明せよ．

第7章

アーキテクチャ設計

keywords

ソフトウェアアーキテクチャ，品質特性，トレードオフ，アーキテクチャスタイル，階層モデル，クライアントサーバモデル，リポジトリモデル，マイクロカーネルモデル，サービス指向モデル，データフローモデル，コントロールモデル

ソフトウェアの骨格となる基本構造をソフトウェアアーキテクチャという．これは，品質特性や開発の進め方に影響し，ソフトウェア開発を成功に導くうえで重要である．構造化分析やオブジェクト指向分析では主に機能面から要求を分析して何を作るべきかを定めるのに対して，アーキテクチャ設計では性能や変更容易性などの非機能面から要求を分析して，どのような構造にすべきかを定める．

本章では，まずソフトウェアアーキテクチャの役割と設計手法について述べ，次に，これまでに開発されてきたアーキテクチャスタイルを紹介する．

7.1 アーキテクチャ設計とは

近年幅広く開発されている Web ベースのソフトウェアや携帯端末を用いたソフトウェアなどでは，基本構造が品質特性に大きな影響を及ぼす．ソフトウェアの基本構造を定める作業を**アーキテクチャ設計**という．

7.1.1 ソフトウェアアーキテクチャ

アーキテクチャとは，元来建築学や建築様式を意味する用語である．しかし，この用語は，建造物をはじめ，コンピュータシステム，ネットワークなどさまざまな「もの」に対して使われており，それぞれの「もの」に対する設計思想，基本設計，基本構造を意味する．アーキテクチャは，高水準のモデルであり，その対象物の重要な側面を記述するものである．その記述は多くの関係者にとって理解が容易であり，作り上げる前に対象物の性質を評価できるようにするものである．

たとえば，つり橋といえば，多くの人はどのような構造か思い浮かべることができる．また，家の造りについて，「木造」「レンガ造り」「わら造り」というと，多くの人は図 7.1 に示すような家と製造方法を想像し，それぞれ表 7.1 のような特性をもつと考えるだろう．アーキテクチャは，建造物の骨格を決めるものであり，その建造物の特性を定める．このため，建造物に対してどのような修理や改造ができるかは，その建造物のアーキテクチャによって決まることもある．たとえば，図 7.2 の例のよう

7.1 アーキテクチャ設計とは　75

（a）レンガ造り

（b）木造　　　　　　　　（c）わら造り

図 7.1　家の構造

表 7.1　家の構造と特性の関係

構造	特性			
	耐火性	耐衝撃性	耐風圧	建設時間
わら造り	弱い	弱い	弱い	短い
木造	中	中	中	中
レンガ造り	強い	強い	強い	長い

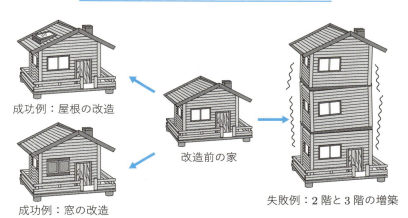

図 7.2　修理・改造の成功と失敗

に，窓や屋根の修理・改造など元の骨格に沿ったものである場合には問題はないが，木造 1 階建てとして構築した家屋の上に 2 階，3 階と次々に増築していくような基本構造から大きく外れる場合には，構造物全体に支障をきたす．

　ソフトウェアアーキテクチャも，上記の例と同様に捉えられ，ソフトウェアの基本構造を表すものである．すなわち，開発対象とするソフトウェアの骨格を与え，ソフトウェアについて関係者がもっとも効果的にシステム全体にわたる性質を理解するた

めの枠組みを提供するものである．アーキテクチャを定めると，開発担当者が開発対象の基本構造に対して共通認識をもち，実現上の問題を具体的に検討し議論できる．また基本構造をもとに，ソフトウェアをどのように分割し構造化していくべきかの指針や，再利用可能なプログラムやツールも定まってくる．さらに，性能や信頼性などの品質特性をどのように評価すべきかを定められる．このように，ソフトウェアアーキテクチャは，分割と構造化の進め方，プログラムとツールの再利用の進め方，品質特性の評価の進め方などの設計・開発の基本事項に大きな影響を与える．

7.1.2 アーキテクチャにかかわる品質特性

ここでは，ネット販売業務の「商品検索」を例に，ソフトウェアの実行時，開発時および運用時の品質特性（3.3.1項を参照）に，ソフトウェアアーキテクチャがどのように影響を与えるかを説明する．「商品検索」は，① 入力（注文者がキーボードから入力した文字列を商品検索キーとして受け取る），② 検索（商品検索キーに従い商品管理ファイルを検索する），③ 出力（検索結果を商品一覧としてディスプレイへ出力する）の3つの機能からなる．

(1) 実行時の性能に与える影響

品質特性「効率性」，副特性「時間的効率性」は，応答時間が短いか，処理速度が速いか，指定されたスループット（一定時間における処理量）が確保されているかなどの，実行時の性能に関する品質特性である．たとえば，図7.3(a)のように，①から③を1つのモジュールとして，商品管理ファイルとともに利用者のコンピュータで動作させる場合には，商品管理ファイルの検索時間が短ければ，利用者が商品検索キーを入力してから結果が表示されるまでの時間（応答時間）は短くてすむ．一方，①から③の処理をそれぞれ別のモジュールとして，図(b)のように①，③を利用者のコンピュータで，②を他のコンピュータで動作させる場合には，商品管理ファイルの検索時間が短くても，①，③の機能と②の機能との間でコンピュータ間通信が必要となるため，一般に応答時間が長くなる．その一方で，商品管理ファイルが大規

  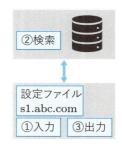

（a）全機能を利用者PCに配置　　（b）検索機能を別のPCに配置　　（c）検索用PCのアドレスを設定ファイルで指定

図7.3 「商品検索」の機能分割・配置の例

模になり，探索時間がきわめて長くなる場合には，利用者のコンピュータに比べて非常に高速なコンピュータで ② を動作させるほうが，応答時間は短くなる可能性がある．

このように，ソフトウェアのモジュールの分割の仕方，コンピュータの割り付け，各モジュール間での通信の仕方により応答性は異なる．Web サービスなど，ネットワークで接続された複数のコンピュータに処理機能を分散して実現する場合には，機能の分割と配置の方法が応答性やスループットなどの時間効率性に与える影響が大きくなる．このような場合には，通信遅延時間，接続端末数，サーバと端末の処理能力の違いなどを考慮して，適切なアーキテクチャを検討する必要がある．

(2)開発時の品質特性に与える影響

変更が想定される機能をできるだけまとめたり，他の機能と分離した構造にしたりしておくと，実際に変更を施す場合に影響が及ぶ範囲を小さくできる．たとえば，ネット販売業務では，「商品検索」と「商品購入」には商品管理ファイルを用いるが，商品管理ファイルのデータ構造や参照方法を変更する可能性がある場合には，図(b)のように「商品検索」の ② と「入出力」を担う ①，③ とを分離した構造にするほうがよい．② を「商品購入」の商品管理ファイルを参照する機能とまとめると，商品管理ファイルに関する機能を変更したときに，①，③ に影響を与えず ② の機能だけを変更でき，品質特性「保守性」の副特性「変更性」が向上する．このように，性能面（効率性）だけでなく保守性（変更性）の面からも，どのように分割すべきかを検討する必要がある．

(3)運用時の品質特性に与える影響

ソフトウェアの構造によっては，そのソフトウェアを利用できるネットワークやハードウェア，オペレーティングシステムに制約を与えることがある．また，稼働環境に依存した情報がプログラムに直接記述されている場合には，稼働環境を定めるたびにプログラムを変更しなければならない．たとえば，「商品検索」で，② を配置するコンピュータのアドレスを ① のプログラム中に埋め込んだとき，このコンピュータを別のコンピュータに置き換えたい場合には，① のプログラムを変更しなければならない．

上記の問題を回避するためには，たとえば，図(c)のように，② を配置するコンピュータのアドレスを設定ファイルに記述し，① のプログラムで，まず設定ファイルを読み込み，それに記述されたアドレスを用いて ② のプログラムと通信するようにすればよい．このような設定ファイルを用いて，稼働環境を動的に設定できる構造にすると，ソフトウェアを別の環境へ移す際の手間を少なくできる．すなわち，品質特性「可搬性」，副特性「順応性」が向上する．また，ソフトウェアを指定された環境へインストールしやすくなり，品質特性「可搬性」，副特性「設置性」が向上する．

品質特性に対する要求がある場合には，それを満たすようなアーキテクチャを設計する必要がある．すなわち，品質特性に対する要求条件をアーキテクチャに対する要

求条件として捉え直す必要がある．表7.2は，効率性，安全性などの品質特性に対して目標が定められているときに，アーキテクチャ設計で考慮すべき点を例示したものである．たとえば，信頼性の観点から故障耐性を向上させたい場合，すなわち故障が発生しても回復できるようにしたい場合には，冗長な構成要素（コンポーネントという）を組み込んでおき，システムを停止させずにコンポーネントを置換・更新可能な構造にするなどの工夫をアーキテクチャ設計で考慮する必要がある．

表7.2　品質特性の目標とソフトウェアアーキテクチャへの要求

品質特性	目標（例）	アーキテクチャに対する要求（例）
効率性	応答性を向上させる	性能に密接にかかわる操作を少数の互いに通信量の少ないサブシステムに局所化する
安全性	セキュリティ管理を容易にする	階層化し保護すべき機能を最内側に局所化してセキュリティ検査を容易にする
信頼性	故障耐性を向上させる	冗長なコンポーネントを組み込んで，システムを停止させずに，コンポーネントを置換・更新可能な構造にする
保守性	拡張性，変更容易性，テスト容易性を向上させる	比較的小さな自己完結したコンポーネントを用いて，データ共有を回避した構造にする

■ 7.1.3　アーキテクチャの役割

一般に，構造は構成要素とその相互関係により表すことが多い．構造化分析やオブジェクト指向分析でも，さまざまな図式を用いて構造を表す．ただし，これらの図式は，主に機能的な要求分析の結果を表しており，性能や拡張性など非機能的な性質の検討結果を十分に表していない．これに対して，ソフトウェアアーキテクチャの設計では，開発対象のソフトウェアの非機能的な性質を検討して基本構造を定めることで，システム全体にわたる性質を理解するための枠組みを提供する．

ソフトウェアアーキテクチャを設計して明確に文書化しておくと，次のような利点がある．

(1) ステークホルダー間のコミュニケーション　開発対象のソフトウェアのアーキテクチャを知ると，その骨格を理解できる．ステークホルダーにとって，ソフトウェアの詳細を理解できない場合にも，それぞれの立場からソフトウェアの性質に関するコミュニケーションを図るうえで有用である．ここでいう性質とは，性能や変更容易性などの非機能的な品質特性を意味する．

(2) システムの解析　一般に，ある特性を向上させようとすると，別の特性が悪くなる．たとえば，変更容易性を向上させようとすると応答性が悪くなったり，また，セキュリティを向上させようとすると速度が低下したりする．アーキテクチャ設計では，このように両立しえないような特性について，システム開発の基本方針に照らし合わせながらバランスをとって妥協点を決める．変更容易性と応答性，セキュリティと高速性のような二律背反の関係を**トレードオフ**といい，設計上の判断により妥協点を決めることをトレードオフをとるという．

システム開発の初期の段階では，トレードオフをとるため，システムの解析が必要になる．これは，アーキテクチャ上の誤りを開発初期の段階で見つけられるようにするうえで有用である．

(3) ソフトウェアの再利用　アーキテクチャは，システムがどのように構成され，どのような要素からなっているかを簡潔に記述したものである．同様な要求に応えようとするシステムがあれば，それに対して同じアーキテクチャを採用すると，広範にわたりソフトウェアを再利用できる．

■ 7.1.4　アーキテクチャ設計上の課題

アーキテクチャ設計では，次の点に留意する必要がある．

(1) 設計の基本方針　設計時の判断に一貫性をもたせるため，設計前に，開発期間，開発費用，開発形態，利用期間，利用形態，開発後の取り扱いなどの評価基準を明確にしておかなければならない．たとえば，特定の環境や目的で数人が短期間使用するソフトウェアと，長期的にさまざまな環境で多人数が使うソフトウェアとでは，設計時にくだす判断は大きく異なる．また，拡張性を高くしたいとか，性能を重視したいといった価値基準も基本方針としてあらかじめ定めておかなければならない．

(2) 基本構造を評価する視点　ソフトウェア全体を抽象化して基本構造を表したアーキテクチャでは，同じソフトウェアでも，目的に応じてさまざまな構造を捉えることができる．評価したいのはシステムの応答性か，あるいは，修正容易性や信頼性かなど，評価基準により表現すべき構造は異なる．複数の構造を一度に把握することは困難なので，アーキテクチャ設計では，あらかじめどのような視点から評価すべきか定め，その視点から基本構造を表現する必要がある．

(3) 基本構造にかかわる評価の追跡可能性　アーキテクチャ設計では，相反するような要求に対して，基本方針に従って諸条件を考慮して妥協点を見つけ，基本構造を定める作業を繰り返す．このようなトレードオフをとる作業では，そのとき考慮した条件，もとになった基本方針，トレードオフをとった結果などを明確に記録し，後から参照できるようにしておく必要がある．これは，詳細設計を行う場合，あるいは修正や拡張を加える場合に，不用意に基本構造を損なわないためである．

■ 7.1.5　アーキテクチャに対する視点

アーキテクチャの良し悪しを判断するためには，アーキテクチャを明示的に表現できなければならない．その際の視点が明確であり，視点ごとに厳密に記述されていることが重要である．視点に従ってアーキテクチャを表現したものを**ビュー**という．ビューには次のようなものがある．

(1) 論理ビュー　システムがどのような機能をもち，それらの機能が論理的にどの

ような構造で実現されるかを表す．

(2)実行ビュー　システムが，プロセスやタスクなどの実行単位からどのように構成されているかを表す．また，通信の種類についても明示的に表す．これらは，性能などの実行時の品質特性に深くかかわる．

(3)開発ビュー　システムがどのような単位でファイルにまとめられ，どのようなディレクトリ構造で管理されるかを示す．これは，保守性や修正容易性などの品質特性に影響する．

(4)配置ビュー　プロセスなどの実行時の単位をネットワーク上のどのマシンのどのプロセッサに配置するかなど，システムを配置したときの構造を表す．このような配置は，実行時の性能だけでなく，信頼性，安全性などさまざまな品質特性に深くかかわる．

7.2　アーキテクチャスタイル

　これまでに開発した類似のソフトウェアを参考にして，基本構造を定める．さまざまなプロジェクトでこれまで開発されてきたソフトウェアの構造を類型化してまとめておくと，経験不足を補い，経験豊富な設計者のようにアーキテクチャ設計に役立てることができる．ここでは，まずアーキテクチャ類型化の方針を説明し，次に，その方針に従って分類整理したアーキテクチャのモデルを紹介する．

7.2.1　アーキテクチャの類型化

　一般にソフトウェアの開発時点では，開発対象に対する情報が十分ではない．このため，アーキテクチャ設計上の判断に必要な情報を得るために，時間と費用を要する．これに対して，あらかじめ代表的なソフトウェアの基本的な構造を抽出して共通化，カタログ化しておくと，その中から選択できる．このようなカタログの中で多数のソフトウェアに繰り返し現れる構造として定めたものを，**アーキテクチャスタイル**（またはアーキテクチャパターン）という．アーキテクチャスタイルを容易に利用できるようにするためには，ソフトウェアの構造と品質特性の関係を把握して提示しておく必要がある．また，その様式の適用条件が明確であること，品質特性と制約が理解しやすいこと，適用例などがあり適用方法が理解しやすいことなどが重要である．

7.2.2　機能分割の観点でのモデル化

　ソフトウェアシステムをいくつかの基本要素に分割して，基本要素間の関係により全体の構造を表現する．機能の分割と配置に基づいて分類したアーキテクチャのモデルには，次の5つがある．

(1)階層モデル

　機能を層状に上位から下位に並べて配置したモデル．Web サービスなどデータベースを扱うビジネスプログラムでは，図 7.4(a)のように，データベース，アプリケーショ

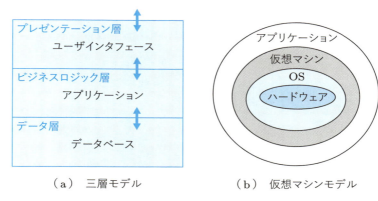

図 7.4 階層モデル

ン（ビジネスロジック），ユーザインタフェースの3つの層で構成される**三層モデル**が多く用いられる．

また，システムを階層化して各階層でそれぞれサービスを提供するように構成すると，図(b)のような**仮想マシンモデル**となる．仮想マシンでは，アプリケーション向きの抽象度の高い独自の命令セットを提供し，アプリケーションではハードやOSにない機能が利用可能になる．これにより，ハードウェアやOSに依存しないアプリケーションが実現でき，ユーザインタフェースの異なる多様なアプリケーションの実現が容易になる．階層モデルでは，ある階層を変更したときに生じる影響が，その上部の階層に限定されるという利点がある．

(2) クライアントサーバモデル

データと処理機能をクライアントとサーバに分けて運用する分散システムモデル．ネットワークを介してサービスを提供する分散システムの基本モデルとして広く使われている．このモデルは，データ検索など特定のサービスを提供する独立したサーバの集合と，これらのサービスを呼び出すクライアントの集合からなる．

多くの**クライアントサーバモデル**は，三層モデルを採用している．このとき，図7.5に示すように，クライアントとサーバの負担の割合はさまざまに変えることができる．クライアントの負担を小さくして必要最小限の機能だけを搭載したものをシンクライアントといい，アプリケーションやデータベースなどの機能・環境を備えたクライアントをファットクライアントという．

(3) リポジトリモデル

複数のサブシステムが共有データを介してデータ交換しながら処理を進めるモデル．このモデルでは，図7.6のように，中央のデータベース（リポジトリ）に共有データを保持し，すべてのサブシステムがアクセスする．このようなモデルは，大量のデータを共有する場合に広く使われている．共有するデータを集中管理することにより，データの整合性や一貫性を保ちやすい．一方，共有データへのアクセス集中による性能低下が問題になる場合があり，物理的な分散の検討が必要になる場合もある．

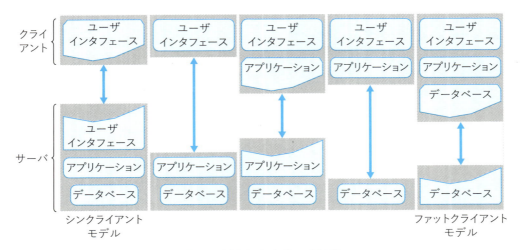

図 7.5　クライアントサーバモデル

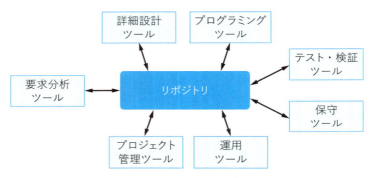

図 7.6　リポジトリモデル

(4) マイクロカーネルモデル

　コアシステムとプラグインコンポーネントで構成されるモデル．プラグインモデルともいう．マイクロカーネルモデルの構成を図 7.7 に示す．コアシステムとは，システム実行に必要な最低限の機能を定義したモジュールである．特定の顧客向けの処理を追加したい場合，コアシステムにその処理向けの機能を直接組み込むのではなく，その機能を実現するプラグインコンポーネントを用意する．たとえば，コアシステムとして，テキストを単純に画面に表示する Web ブラウザを用意する．このコアシステムは，テキストを画面に表示する際に呼び出される拡張ポイントを備えている．この拡張ポイントに，表示されたテキストを読み上げる処理を実現したプラグインを差

図 7.7　マイクロカーネルモデル

し込むことで，もとのWebブラウザにテキスト読み上げ機能を付与できる．

このようなプラグインコンポーネントをいくつも用意し，それらをコアシステムに差し込むことで，個々の利用者に合わせてシステムをカスタマイズできる．図7.7のコアシステム内部にあるレジストリでは，どのプラグインコンポーネントがどのように差し込まれているのかなど，プラグインコンポーネントに関する情報を管理する．

(5) サービス指向モデル

コンピュータ上に独立して配備可能なサービスをコンポーネント群で構成し，サービスを結合することで，アプリケーションを構築するモデル．サービス指向アーキテクチャ（Service-Oriented Architecture：SOA）という．サービスは，ユーザインタフェースを介してリモートからアクセスされる．サービス指向モデルでは，サービスをリソースとみなす．リソース識別子を用いてサービスを呼び出し，その結果として得られる情報を表現として取得する．伝統的なサービス指向モデルは，図7.8に示すように3つの層で構成されており，単一のユーザインタフェースと単一のデータベースをもつ．

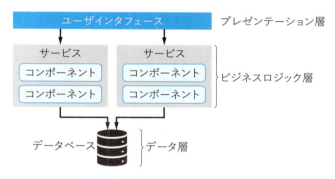

図7.8　サービス指向アーキテクチャ

これに対して，近年では図7.9に示すマイクロサービスアーキテクチャが注目されている．このアーキテクチャでは，開発対象システムにおける明示的に定義された境界に基づき，サービスを細粒度に分割する．これらのサービスを連携させることで，

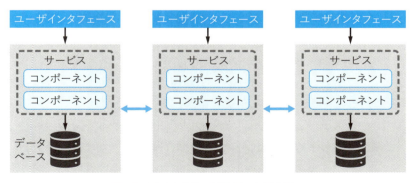

図7.9　マイクロサービスアーキテクチャ

アプリケーションとしての各種機能を提供する．サービスが提供する場面ごとに管理すべきデータを分割するため，サービスごとにデータベースを用意するのが一般的である．このため，他のサービスの管理データを取得するだけでも通信が必要となる．その反面，サービスのインスタンスを容易に複製して配置できるため，規模の拡大や負荷の増大に対応しやすく，拡張性や弾力性が高い．

7.2.3 制御関係の観点のモデル化

ソフトウェアシステムをいくつかの独立した要素に分割して，基本要素間の制御関係をモデル化する．制御関係をデータとコントロールの流れに着目して整理すると，アーキテクチャのモデルは，次のようにデータフローモデルとコントロールモデルに分類できる．

(1) データフローモデル

入力データを処理して出力を生成する変換機能により構成されるモデル．図 7.10 (a) のコンパイラの逐次的な変換処理がこのモデルに該当する．また，図 (b) のように UNIX の shell のパイプとフィルタを組み合わせてできるアーキテクチャもこのモデルである．ここで，フィルタは 1 つ以上のデータストリームを入力とし，それを変換して 1 つのデータストリームを出力する．パイプは 1 つのフィルタの出力を別のフィルタの入力につなぐものである．

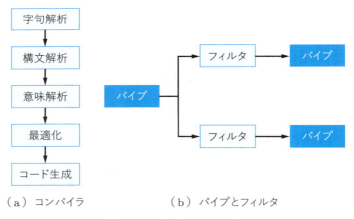

（a）コンパイラ　　　（b）パイプとフィルタ

図 7.10　データフローモデル

このモデルはいろいろな形で使われているが，会話的な（インタラクティブな）システムには適さない．

(2) コントロールモデル

サブシステム間のコントロールに注目したモデル．このモデルは，**集中型コントロール**と**イベント駆動型コントロール**に分けられる．前者は，1 つのサブシステムが他のサブシステムの開始，停止などの制御をすべて受けもち，後者は，各サブシステムがその内外で発生したイベントに対して応答する．

集中型コントロールモデルには，図 7.11 のような**コールリターンモデル**と**マネージャモデル**がある．前者は，上位のサブルーチンが下位のサブルーチンを呼び出すことにより制御が移動し，逐次型のシステムに適用できる．後者は，1 つの構成要素が他の要素の開始，停止，協調を制御し，並行システムに適用可能である．

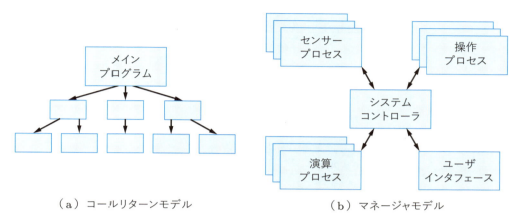

（a）コールリターンモデル　　　　　（b）マネージャモデル

図 7.11　集中型コントロールモデル

イベント駆動型コントロールモデルは，外部で発生したイベントで処理が駆動される．イベントの発生するタイミングは，そのイベントを処理するサブシステムのコントロールの外にあり，各サブシステムではイベント発生がいつかわからない．このモデルには，ブロードキャストモデルと割り込み駆動型モデルなどがある．

ブロードキャストモデルは，図 7.12(a) のように，異なるコンピュータ上のサブシステムをネットワークで統合する場合に効果的である．サブシステムは，それぞれ特定のイベントに対して登録しておくと，そのイベントが発生したときに，選択機構がイベントを捉えることにより，コントロールがそのサブシステムに移されてイベント処理を開始できる．

割り込み駆動型モデルは，イベントへの高速な応答が重要なリアルタイム処理に適用できる．図 (b) のように，イベントのタイプごとにイベント処理ルーチン（イベントハンドラー）が定義される．イベントの発生が割り込みにより通知されると，弁別機構がイベント定義表を調べて，イベントのタイプに応じたハンドラーに制御を移す．弁別機構をハードウェアスイッチとして実現すると，リアルタイム性の高いシステムを実現できる．

ポイント

- **ソフトウェアアーキテクチャ**とは，ソフトウェアの骨格となる基本構造を表すものである．アーキテクチャは，ソフトウェアの分割と構造化，プログラムやツールの再利用，品質特性の評価など，設計開発の基本事項に大きな影響を与える．

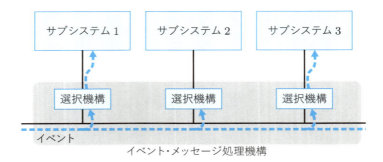

（a）ブロードキャストモデル

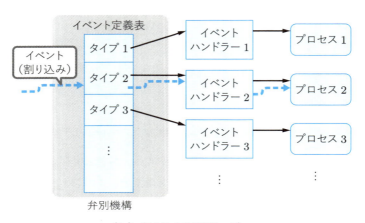

（b）割り込み駆動型モデル

図 7.12　イベント駆動型コントロールモデル

- ソフトウェアアーキテクチャは，応答性などの実行時の性能，変更容易性などの開発時の品質特性，保守性・拡張性などの運用時の品質特性に影響を与える．品質特性に対する要求を満たすようにアーキテクチャを設計する必要がある．
- ソフトウェアアーキテクチャを定めると，開発にかかわる人々（**ステークホルダー**）が開発対象の基本構造に対して共通の認識をもち，実現上の問題や将来の発展の見通しなどを具体的に検討し議論できるようになる．ステークホルダーはソフトウェアの詳細を理解できない場合でも，ソフトウェアの性質を吟味することが容易になる．
- アーキテクチャ設計では，事前に設計の基本方針を定めておくこと，および，基本構造を評価する視点を定めておくことが重要である．この基本方針に従って，定められた視点から基本構造を表現する．また，設計上の判断に対して追跡可能性を確保して，詳細設計や修正・拡張を進めたときに不用意に基本構造を損なうことがないようにする必要がある．
- アーキテクチャは開発の初期段階に設計するので，設計時に詳細なデータがあるわけではない．このため，経験豊富な設計者は，これまでに開発した類似のソフ

トウェアを参考に，経験に基づいてアーキテクチャを定めることが多い．自分が開発したものでなくても，過去の事例を参考にすることもできる．

● これまでに開発されてきたソフトウェアの基本構造を抽出して，類型化したものをアーキテクチャのモデルとしてカタログ化しておくと，そのなかから選択して利用することができるようになる．

演習問題

7.1 アーキテクチャ設計におけるトレードオフとは何か，例を用いて説明せよ．

7.2 アーキテクチャ設計では，事前に基本方針を明確に定めておくこと，および，追跡可能性を確保することが重要である理由を説明せよ．

7.3 仮想マシンモデルの利点を説明せよ．

7.4 クライアントサーバモデルの利点を説明せよ．

7.5 マイクロサービスアーキテクチャの利点を説明せよ．

第8章

モジュール設計

keywords

情報隠蔽，機能独立性，モジュール強度，モジュール結合度，モジュール構造図，STS 分割技法，TR 分割技法

　システムの構造がわからないと，システムに加えた変更により，どのような影響が発生するのかがわからない．この問題を回避するためには，ソフトウェアの設計開発において，システムの構造をわかりやすく，他への影響ができるだけ少なくなるように分割しておくのがよい．

　本章では，システムを分割してモジュール化する方法と分割の評価基準，およびモジュール分割に基づく構造化システム設計について説明する．

8.1 モジュール設計とは

　ソフトウェアをモジュールに分割し，構造化する作業を**モジュール設計**という．ここでは，モジュールに分割することの利点，および，複数のモジュールからなるシステムの構造の良し悪しについて述べる．

8.1.1 モジュール

　建物，家具，車，電気器具，コンピュータハードウェアなどさまざまなものに対して，その構成単位を**モジュール**という．モジュールは，より複雑な構造を構築するために利用可能な独立した機能をもつユニットであり，一般に交換や着脱が可能な構成部品である．モジュールにより，複雑なシステムがより簡明な要素に分割できる．複数のモジュールからなるシステムは，**モジュラー**である（あるいは，モジュール化されている）という．

　モジュール化されたシステムは，次のような利点をもつ．

(1) 詳細に把握しておかなければならない部分が分離されているので，他のモジュールの詳細を考えずに，特定のモジュールの詳細だけを把握しておけば，そのモジュールの開発に取り組むことができる．これは，開発対象のソフトウェアをモジュールという単位で抽象化して捉えることを意味する

(2) モジュールをそれぞれ別々に設計開発して，あとから結合することで大きなシステムが構築できる．これにより，複数のモジュールを同時に開発することを

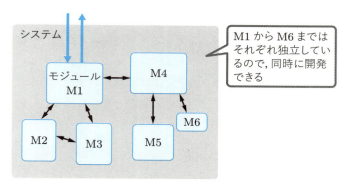

図 8.1 モジュール化したシステム

促進し，開発期間を短縮することができる．たとえば，図 8.1 のようにモジュール化したシステムでは，6 つのモジュールを並行して開発できる．

(3) 既存のモジュールを再利用することで，複雑なシステムを構築できる．
(4) 特定の少数のモジュールを変更することにより，大きなシステムを変更することができる．たとえば，図のシステムでモジュール M1 がユーザインタフェースの機能である場合，モジュール M1 を取り替えることにより，同じサービスを異なるユーザインタフェースで提供できる．

モジュールと同様に，システムの構成要素を表す用語として，**サブシステム**がある．サブシステムは，他のサブシステムにより提供されるサービスに依存せず独自に運用可能なシステムである．一般に，図 8.2 のように複数のモジュールからなり，他のサブシステムとの通信のためのインタフェースを備えている．これに対して，モジュールは，他のモジュールへサービスを提供したり，他のモジュールのサービスを利用したりする．通常，独立したシステムとはみなされない．

ソフトウェアにおけるモジュールは，プログラムのかたまりとして捉えられており，

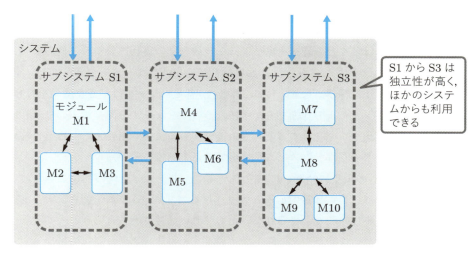

図 8.2 モジュールとサブシステム

いろいろな大きさのかたまりに対してモジュールという用語が使われる．しかし，ここでは，プログラムの構造を考えるうえで基本となる，一番小さいかたまり，すなわち，分離可能な最小のプログラム単位をモジュールとする．具体的には，関数，手続き，サブルーチン，クラスなどとよばれるプログラムのかたまりである．これらはプログラムにおいて，あるまとまった機能を他から繰り返し使えるようにしたものである．

8.1.2　良い構造と悪い構造

モジュールは，複数の構成要素からなる．たとえば，プログラムの関数の場合は，その関数の中に記述されている変数の宣言文，代入文，繰り返し文などがモジュールの構成要素である．また，関数が他の関数を呼び出して計算結果を戻り値として受け取るように，モジュールは他のモジュールと関係をもつ．プログラムの実行時に，どのモジュールの文を実行しているか，どのモジュールを呼び出しているかを調べて図示すると，図 8.3 のようになる．

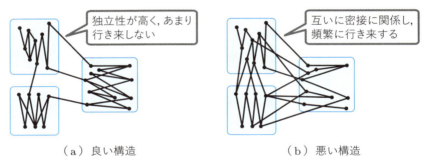

図 8.3　良い構造と悪い構造

図で，青の四角はモジュールを表し，四角の中の直線はモジュール内の制御の流れ，2 つの四角を結ぶ直線はモジュール間の呼び出し関係を表す．図 (a) では，各モジュールは，ほとんどの時間を自モジュール内の文の実行に費やし，他のモジュールを呼び出すのはわずかである．これに対して図 (b) では，各モジュールは，頻繁に他のモジュールを呼び出している．この場合，各モジュールは密接な関係をもっているため，他のモジュールの詳細を考えずに，そのモジュールを開発するのは難しい．また，あるモジュールを変更すると，他のモジュールに強く影響するため，一部のモジュールを変更するだけでシステムを変更できるとは言い難い．

図 (a) のように，互いに独立性が高く，モジュール化の利点が得られると期待される場合は，良い構造であるという．反対に，図 (b) のようなモジュール構成では，モジュール化の利点を得られないため，悪い構造であるという．

8.2 モジュール分割の評価基準

複数のモジュールからなるシステムでは，モジュールは他のモジュールにそれぞれのサービスを提供しているとみなすことができる．このとき，各モジュールは，インタフェースを介してサービスを提供する．インタフェースは，モジュールの外部仕様であり，そのモジュールのサービスを利用するために知っておかなければならない情報である．パーナス (David L. Parnas) が提唱した**情報隠蔽**の概念に基づくと，インタフェースと実装を明確に分離して，モジュールの実装に関する詳細な設計情報は，他のモジュールから隠して参照できないようにしておくべきである．

情報隠蔽なしの場合，図 8.4(a) のように，外部からモジュールの実装がみえるため，モジュール内部の関数やデータを参照できる．これに対して，情報隠蔽ありの場合，図 (b) のように，外部にはモジュールのインタフェースだけを公開し，実装は隠して外部から直接参照できない．情報隠蔽を用いると，次のような恩恵を受ける．

(1) 実装を調べなくても，そのモジュールのインタフェースを理解しておけばモジュールを利用できる．

(2) 実装を変更しても，インタフェースを変更しなければ，そのモジュールを呼び出しているモジュールはそのまま使うことができる．

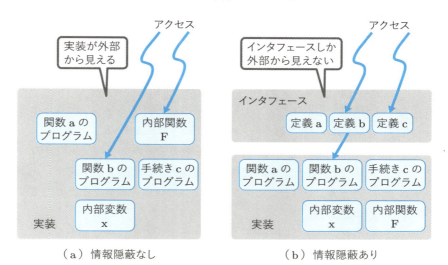

図 8.4　情報隠蔽

ここで，モジュールがある 1 つの目的に沿った機能だけを提供して，他のモジュールとの相互作用が少ないとき，そのモジュールは機能独立性が高いという．機能独立性の高いモジュールからなるソフトウェアは，各モジュールの機能が明確に分かれているため，開発が容易になる．また，機能独立性の高いモジュールは，設計の変更や

92　第8章　モジュール設計

プログラムの修正による影響の及ぶ範囲が局所化されるため，テストや保守が容易になる．**情報隠蔽**の実現という観点からは，機能独立性を高めることが重要である．以下では，機能独立性を測定するための2つの品質基準である**モジュール強度**（凝集度，凝縮度ともいう）と**モジュール結合度**について説明する．

8.2.1　モジュール強度

　モジュール内にある要素間の関連の強さを表す基準をモジュール強度，あるいは単に強度という．単機能でプログラムの他の機能とほとんどやりとりをしないモジュールは，高い強度をもつ．強度が高いほどモジュールの機能独立性が高くなるので望ましい．強度の種類を低い強度から順に並べると，次のようになる．

　(1)**暗号的強度（偶発的強度）**　明確な理由もなくまとめられたり，独立な機能を寄せ合わせたりして作成されたモジュールがもつ強度．たまたま同じ文字で始まる手続きをまとめることにより作成したモジュールや，エディタで見やすくするために無理に適当な長さに分割して作成したモジュールなどがこの強度をもつ．

　(2)**論理的強度**　見かけ上は同一の機能をもつが，実際には多様な機能を含むように作成されたモジュールがもつ強度．整数の加算と行列の加算をまとめた加算モジュールや，端末への出力機能とファイルへの出力機能をまとめた出力モジュールなどがこの強度をもつ．

　(3)**時間的強度**　機能としてはまとまっていないが，実行する時間が近いためにひとまとめにして作成されたモジュールがもつ強度．最初に初期値を設定する部分をまとめたモジュールなどがこの強度をもつ．

　(4)**手順的強度**　手順的に前後にある機能をまとめて作成されたモジュールがもつ強度．仕入れと売り上げを月ごとに計算する場合，それらを順番に計算する機能をまとめたモジュールなどがこの強度をもつ．

　(5)**連絡的強度（順次的強度）**　手順的強度のモジュールのうち，モジュール内の機能間にデータの関連性があるように作成されたモジュールがもつ強度．名簿データの並び替えと，並び替え後の検索の機能をまとめたモジュールなどがこの強度をもつ．

　(6)**情報的強度**　同一データにアクセスする複数の機能をまとめるように作成されたモジュールがもつ強度．名簿データに対する登録，変更，削除，検索の処理をまとめたモジュールなどがこの強度をもつ．

　(7)**機能的強度**　特定の明確に定義できる機能のみを担うように作成されたモジュールがもつ強度．平方根を求める関数のモジュールなどがこの強度をもつ．

8.2.2　モジュール結合度

　モジュール間の関連の強さを表す基準をモジュール結合度，あるいは単に結合度という．結合度が低くなると，モジュールの機能独立性が高くなるので望ましい．結合

の種類を高い結合度から順に並べると，次のようになる．

(1) **内容結合**　インタフェースを介さずに管理するデータや制御構造を直接利用してデータを直接参照・変更するように作成されたモジュールどうしがもつ結合．図 8.5 のように，GOTO 文などにより別のモジュールの途中に合流するような場合も内容結合である．主にアセンブラプログラムにおいて発生する．

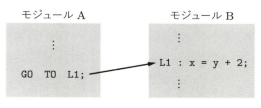

図 8.5　内容結合

(2) **共通結合**　共通データ領域に定義したデータを介して情報交換するように作成されたモジュールどうしがもつ結合．共通データ領域のデータ構造などを変更した場合に，それを参照しているすべてのモジュールが影響を受ける．また，モジュール内部のデータと共通データ領域のデータに対する参照は区別されないので，どのモジュールが共通データ領域のデータを参照しているのかが明示的に記述されない．このため，プログラムの解読を困難にし，共通データ領域を変更したときに影響を受けるモジュールを見落としやすい．たとえば C 言語では，図 8.6 のように，同じ名前の大域変数（グローバル変数）を 2 つのモジュールで初期化しないで宣言した場合や，どちらか一方だけが初期化して宣言した場合には，大域変数の実体は 1 つだけだが 2 つのモジュールで共有される．これが共通結合になる．

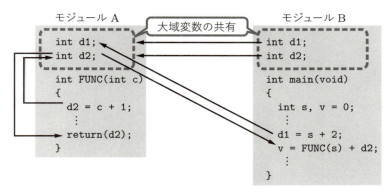

図 8.6　共通結合

(3) **外部結合**　外部宣言したデータを共有するように作成されたモジュールどうしがもつ結合．共通結合と似ているが，共有するデータを明示的に外部宣言するので，共通結合で述べた問題が生じない．図 8.7 のように，C 言語の extern

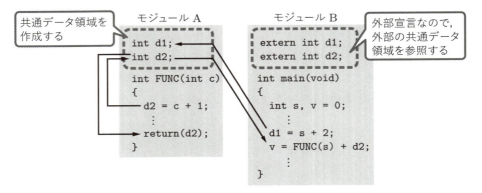

図 8.7　外部結合

文などを用いた場合，必要なデータだけが外部宣言により共有され，外部結合となる．

(4) **制御結合**　あるモジュールが別のモジュールを呼び出すとき，呼び出されるモジュールの制御を指示するデータをパラメータとして引き渡すように作成されたモジュールがもつ結合．図 8.8 のプログラムにおいて，モジュール A がモジュール B の関数 FUNC を呼び出しているとき，第 3 引数 flag の値を分岐条件に使って，制御の流れを変えている．このため，モジュール A は，関数 FUNC の内部での論理構造を知っている必要がある．

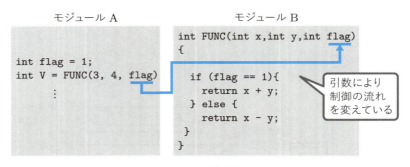

図 8.8　制御結合

(5) **スタンプ結合**　共有データ領域にない構造をもったデータ（構造体）を受け渡すように作成されたモジュールがもつ結合．図 8.9 のプログラムにおいて，モジュール A がモジュール B の関数 FUNC を呼び出すときに，構造体 student のデータを引数として渡している．このとき，関数 FUNC は構造体の一部のデータだけを利用しているにもかかわらず，構造体 student の定義を知らなければならない．また，構造体 student の仕様を変更すると，関数 FUNC のモジュールの修正が必要になる．

(6) **データ結合**　データの必要な部分だけを引数として渡す方法でのみ情報交換するように作成されたモジュールがもつ結合．図 8.9 のプログラムのように引数

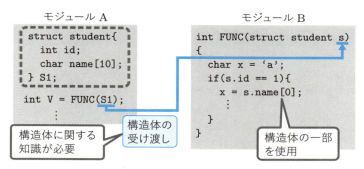

図 8.9　スタンプ結合

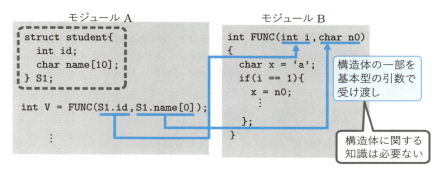

図 8.10　データ結合

として構造体データを渡すのではなく，図 8.10 のプログラムでは，関数 FUNC で使用する整数値と文字だけを渡している．このように，呼び出されるモジュールが構造体データの一部の要素だけを使う場合に，その要素だけを引数として引き渡すようにすると，受け渡されるデータに関して不要な知識を要求しない．

8.2.3　オブジェクト指向設計におけるモジュールの強度と結合度

オブジェクト指向設計では，クラス単体やクラスをまとめたパッケージをモジュールとみなすのが一般的である．クラスに着目すると，カプセル化により，同一データにアクセスする機能をクラスにまとめるので，そのモジュールの強度は基本的に情報的強度となる．しかし，実際の設計では，クラスの理解や変更を容易にするなどのために，1 つのクラスに 2 つのデータを混在させたほうが良い場合がある．このような場合には，モジュールの強度は情報的強度より低下する．また，2 つのクラスがデータ結合であっても，一方のクラスが不必要にもう一方のクラスの属性（データ）を参照するなど，モジュール間結合度の観点から好ましくない設計となることもある．

このようなことをふまえて，オブジェクト指向設計においては，前述したモジュールの強度や結合度とは異なるモジュール化（や抽象化）の指針が提案されている．これを，**クラスの設計原則**や**パッケージの設計原則**という．これらの原則を表 8.1 と表 8.2 に示す．

表 8.1　クラスの設計原則

原　則	説　明
単一責任の原則	クラスを変更する理由は1つでなければならない
オープン・クローズドの原則	拡張に対してオープンで，修正に関してクローズでなければならない
リスコフの置換原則	サブクラスはそのスーパークラスと置換可能でなければならない
依存関係逆転の原則	上位のモジュールは下位のモジュールに依存してはいけない．抽象は実装の詳細に依存してはいけない
インタフェース分離の原則	強い関連性をもつインタフェースのみをまとめてグループ化しなければならない

表 8.2　パッケージの設計原則

原　則	説　明
再利用・リリース等価の原則	パッケージはリリースの単位で再利用されなくてはいけない
全再利用の原則	パッケージ内の全クラスが再利用されなくてはいけない
閉鎖性共通の原則	1つの変更理由は単一パッケージに閉じ込められなければならない
安定依存の原則	より安定しているパッケージに依存しなくてはならない
安定度・抽象度等価の原則	抽象的なパッケージほど安定していなくてはならない

これらの原則は，オブジェクト指向開発におけるクラスやパッケージの設計指針となる．よって，設計時には，これらの原則をつねに意識し，理解しやすい，変更しやすい，テストしやすいモジュールの作成を心がけることが大事である．ただし，実際には，これらすべての原則を満たすようにモジュールを設計することは難しいため，設計上の問題に合わせてどの原則を重要視するのかを決定するのがよい．

8.3　構造化設計

構造化設計では，前節で述べた評価基準に従ってモジュールを分割してモジュール構造を設計する．ここでは設計モデルを紹介し，データフロー図からモジュール構造図を作成する手法を説明する．

8.3.1　設計モデル

モジュール設計では，モジュール構造図，モジュール仕様一覧，モジュール仕様書を設計モデルとして作成する．

(1) モジュール構造図　モジュールやデータ，それらの呼び出し関係，データのやりとりを示す．これらを図式化することにより，ソフトウェア設計の全体像やモジュールの依存関係などが把握できる．

(2) モジュール仕様一覧　モジュール名，モジュールインタフェース，モジュールの目的などの項目を整理して，開発対象のモジュール全体を把握しやすいように一覧表形式で管理する．

(3) モジュール仕様書　モジュールごとにインタフェース仕様と機能仕様を記述す

る．インタフェース仕様では，モジュール名，引数，戻り値などを記述して，そのモジュールが何をすべきかを定義する．機能仕様では，どのように実現するのかを表現する．ミニ仕様書（プロセス仕様書）をモジュールの機能仕様として利用できる．

図8.11にモジュール構造図の例を示す．モジュール構造図では，上位に配置されたモジュールが下位に配置されたモジュールを呼び出すことを表す．図(a)では，モジュールAはモジュールBとモジュールCを呼び出している．また，モジュールBは，モジュールDとモジュールEを呼び出している．さらに，モジュールCはモジュールEを呼び出している．このような呼び出し関係を，従属するという．図において，モジュールBとモジュールCは，モジュールAに直接従属している．またモジュール間のデータの受け渡しは，矢印によって記述される．たとえば，モジュールAとモジュールCの呼び出しの間に登場する矢印を見ると，データxがモジュールAからモジュールCに渡され，モジュールにおける処理が終了した後，モジュールCがモジュールAにデータyを返している．

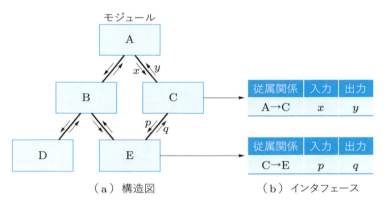

（a）構造図　　　　　（b）インタフェース

図8.11　モジュール構造図の例

モジュール呼び出しにおけるデータのやりとりを表現したものがモジュールインタフェースである．モジュール構造図を見ると，モジュールが呼び出しているモジュールや，モジュールから呼び出されるモジュールが容易に把握できる．ここで，あるモジュールが別のモジュールを呼び出す数をファンアウトという．図において，モジュールAのファンアウトは2である．これに対して，あるモジュールが別のモジュールから呼び出される数をファンインという．モジュールEのファンインは2である．

8.3.2　モジュール分割技法

プロセスとその間のデータの流れから，機能構造へと視点を変えて開発対象物を捉える**モジュール分割技法**を説明する．データフロー図からモジュール構造図を作成する手法には，STS（source, transform, sink）分割技法とTR（transaction）分割技法がある．

(1) STS 分割技法

この手法では，図 8.12 のようなデータが変換される箇所（最大抽象点という）を見つけて，データフロー図を源泉（ソース），変換（トランスフォーム），吸収（シンク）に3分割し，それらを制御するモジュールを主モジュールとして配置する．具体的な手順は次のようになる．

① データフロー図で入力から出力に至る主要なパスを見つける．
② このパスに対して最大抽象入力点と最大抽象出力点を見つけて，入力部分（源泉），入力から出力への変換部分（変換），出力部分（吸収）の3つに分割する．
　ここで，最大抽象入力点とは，入力データを左から右に追いかけていき，処理されたデータが入力データと見なされなくなった点である．また，最大抽象出力点とは出力データを右から左に追いかけていき，処理されたデータが出力データと見なされなくなった点である．
③ 源泉，変換，吸収を従属モジュールとし，これらを制御するモジュールを主モジュールとして配置する．
④ 従属モジュール群について，強度と結合度の観点からモジュールをまとめる，あるいは，分割する．

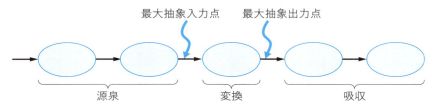

図 8.12　STS 分割技法におけるモジュールの分析

以上の手順により，主モジュール（制御モジュール）を最上位とする階層的なモジュール構造図が作成される．図 8.13 に STS 分割技法によるモジュール構造図の作成例を示す．

図 8.13　STS 分割技法によるモジュール構造図の作成例

(2) TR 分割技法

トランザクション（transaction）**処理**では，利用するデータベースの一貫性を保つため，一連の処理をまとめて行い，他の入力データの処理と分離する．**TR 分割技法**では，トランザクション処理において，図 8.14 のような入力データの種類に従っ

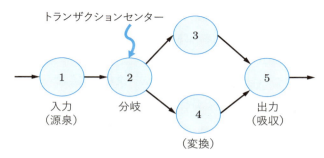

図 8.14 TR 分割技法におけるモジュールの分析

て処理の振り分けを判断する箇所（トランザクションセンターという）に着目する．種類に応じて振り分けるモジュールと，分岐先で個別データを処理するモジュールを分離することにより，データごとの処理の独立性を高めることができる．具体的な手順は次のようになる．

① データフロー図でトランザクションセンター（分岐）を見つける．
② 分岐の手前を入力部分（源泉）とし，分岐の後ろを入力から出力への変換部分（変換）と出力部分（吸収）に分割する．
③ 入力，分岐，出力を従属モジュールとし，これらを制御するモジュールを主モジュールとして配置する．変換を分岐モジュールの従属モジュールとする．
④ 従属モジュール群について，強度と結合度の観点からモジュールをまとめる，あるいは，分割する．

以上の手順により，主モジュール（制御モジュール）を最上位とする階層的なモジュール構造図が作成される．図 8.15 に TR 分割技法によるモジュール構造図の作成例を示す．図中の数字は，図 8.14 のデータフロー図のプロセスの番号を表す．

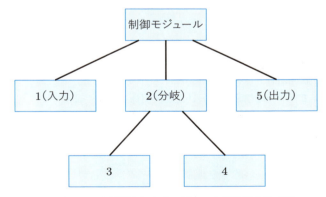

図 8.15 TR 分割技法によるモジュール構造図の作成例

ポイント

- **機能独立性**の高いモジュールからなるソフトウェアは，各モジュールの機能が明

100　第8章　モジュール設計

確に分かれているため，開発が容易である．また，設計の変更やプログラムの修正による影響の及ぶ範囲が局所化されるため，テストや保守が容易になる．

● **情報隠蔽**は，モジュール化の基礎となる重要な概念である．この概念に基づくと，インタフェースは実装とは独立に決定すべきであり，モジュールの実装に関する詳細な設計情報は，他のモジュールから隠して参照できないようにしておくべきである．

● モジュール内にある要素間の関連の強さを表す基準を**モジュール強度**という．強度が高くなるほど，モジュールの機能独立性が高くなるので望ましい．強度には，**暗号的強度，論理的強度，時間的強度，手順的強度，連絡的強度，情報的強度，機能的強度**がある．

● モジュール間の関連の強さを表す基準を**モジュール結合度**という．結合度が低くなるほど，モジュールの機能独立性が高くなるので望ましい．結合度には，**内容結合，共通結合，外部結合，制御結合，スタンプ結合，データ結合**がある．

● **オブジェクト指向設計**では，モジュール強度やモジュール結合度は指針として適切でない場合がある．このため，従来とは異なるモジュール化の指針が提案されている．これを，クラスの設計原則やパッケージの設計原則という．

● **モジュール構造図**は，モジュールやデータ，それらの呼び出し関係，データのやりとりを表す図式であり，ソフトウェア設計の全体像とモジュールの依存関係などを表す．

● **構造化分析**の結果得られる**データフロー図**から，構造図を作成する手法に **STS 分割技法**と **TR 分割技法**がある．

演習問題

8.1　モジュールの機能独立性とは何かを説明せよ．

8.2　情報隠蔽の利点について説明せよ．

8.3　情報的強度とは何かを説明せよ．

8.4　制御結合とは何かを説明せよ．

8.5　モジュール構造図における従属関係を説明せよ．

第9章 プログラミング

keywords

実装，コーディング，統合開発環境，プログラミングパラダイム，構造化プログラミング，構造化定理，プログラミングスタイル，デバッグ技法，バージョン管理

　分析工程や設計工程で作成されたさまざまな仕様に基づき，実装工程ではプログラミング言語を用いてプログラムを作成する．

　本章では，まずプログラミングの概要について述べ，構造化プログラミングについて説明する．続いて，プログラミングにおいて発生した誤りを取り除くデバッグ技法と，作成したソースコードを管理するバージョン管理について説明する．

9.1 プログラミングとは

　プログラミングとは，分析工程や設計工程で作成されたさまざまな仕様（要求仕様や設計仕様）に基づき，プログラムを作成する作業をいう．

　プログラムとは，プログラマが記述したものとシステム上で動作するものの両方をいうことが多い．区別したい場合は，前者をとくに**ソースコード**という．プログラミング言語がコンパイラ形式の場合，ソースコードをコンパイラにより**オブジェクトコード**，あるいはマシンコードに変換（翻訳）し，変換後のコードを実行する．これに対して，プログラミング言語がインタプリタ形式の場合，ソースコードはインタプリタにより逐次解釈されて実行される．

9.1.1 プログラミングの目的と作業

　プログラムは，システムが顧客や利用者の要求を達成する際に実行される成果物である．どんなに正しく仕様を記述していたとしても，実装工程で誤りが混入すると，システムは顧客や利用者の要求を満たさない．このため，プログラムは簡潔でわかりやすく誤りなく，確実に作り上げることが重要である．

　図 9.1 に，プログラミングにおける作業を示す．実装工程におけるプログラミングとは，主にコーディングのことをいう．

　プログラマは，与えられたモジュール機能仕様とモジュール構造図に基づき，モジュールの論理設計（データ構造やアルゴリズムの決定）を行い，ソースコードを記述する．できあがったソースコードに対しては，プログラマ自身が単体テスト（10.1

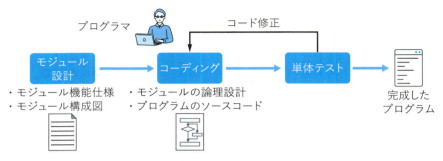

図 9.1　プログラミングにおける作業

節を参照）を行い，正しく動作するかを確認する．もしモジュールが仕様どおりに動作しない場合，誤りを検出し，ソースコードを修正する．単体テストにおいて誤りが見つからなくなった時点でプログラミングは終了し，プログラムの完成となる．このようなプログラミングにおける一連の作業を，ソフトウェア構築ということもある．

9.1.2　統合開発環境

ソフトウェア開発作業の自動化や負担の軽減を目的とし，ソフトウェア開発を支援するツール（道具），およびその利用方法を決める枠組みをソフトウェア開発環境という．

近年の開発環境では，さまざまな開発ツールが個別に存在するのではなく，それらツール群を連携させて実行する．このような開発環境を，**統合開発環境**（integrated development environment：IDE）という．統合開発環境では，ソースコードを編集するエディタ，ソースコードを実行コードに変換するコンパイラ，ソースコードの実行を監視するプロファイラ，デバッガ，テスター，コードチェッカー（コードオーディタ）などが統合されている．図 9.2 に統合開発環境 Eclipse の実行画面を示す．他にも，Visual Studio Code や IntelliJ IDE などがある．

9.1.3　プログラミングパラダイム

プログラミングとは，コンピュータを使って解くべき問題をプログラムとして記述することである．プログラミングに親しむには，次のような**プログラミングパラダイム**を知っておくとよい．

(1) プログラムの作り方に関する規範
(2) 設計手順やプログラム構造，およびプログラムの記述方法を規定するもの
(3) プログラミングの際に，問題を整理する着目点や，プログラム構成に対する基本的な方針を与えるもの

現在のプログラミングパラダイムは，プログラムの論理，制御，データ構造の捉え方や表現の仕方の違いにより分類できる．主なプログラミングパラダイムを次に示す．

(1) **手続き型プログラミング（命令型プログラミング）**　コンピュータの処理手順を命令文で記述する．主な言語に，FORTRAN, COBOL, BASIC, PASCAL,

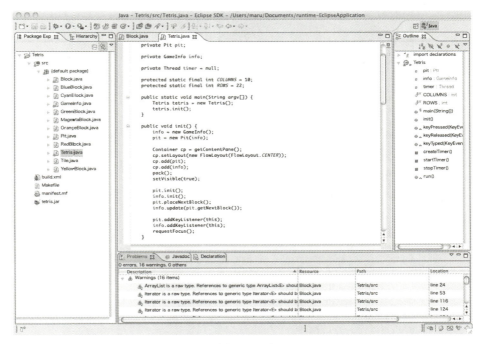

図 9.2 統合開発環境 Eclipse

C，Ada がある．多くの手続き型言語が，後述する構造化プログラミングを取り込んでいる．

(2) **関数型プログラミング**　入出力関係を表現する関数とその呼び出しで記述する．主な言語に，Lisp，Scheme，ML，Haskell がある．

(3) **論理型プログラミング**　入出力関係を述語論理（事実と規則）で記述する．主な言語に，Prolog がある．

(4) **オブジェクト指向プログラミング**　データとその操作をカプセル化したオブジェクトとその間のメッセージ通信で記述する．主な言語に，Smalltalk，C＋＋，Java，Ruby，Python がある．

近年では，いくつかのプログラミングパラダイムの特性をあわせもつ（マルチパラダイムな）プログラミング言語が登場している．主な言語に，JavaScript，C♯，F♯，Swift，Scala，Go などがある．

9.2　構造化プログラミング

プログラムに求められる特性は，かつては主にメモリの使用量が少ないことや実行時間が短いことであった．しかし，これらの特性を優先させたプログラムは，一般的に理解しにくくなる傾向にあり，テスト作業や保守作業が面倒になる．現在のように，大規模で高信頼なソフトウェアが望まれる状況では，その構造や振る舞いが容易に理

104　第9章　プログラミング

解しやすいプログラムであることのほうが重要である．理解しやすいプログラムは，
正しさを検査しやすく，バグの特定が容易である（9.3節を参照）．また，そのよう
なプログラムは将来の変更や拡張がしやすく，保守費用が抑えられる．このような背
景から，良構造（構造の整っている）プログラムを作成するための技法として，構造
化プログラミングが登場した．

9.2.1　プログラムの構造

　モジュールの論理設計において，プログラマはデータ構造や制御構造を決定する必
要がある．その際，プログラミング言語によって提供されているデータ型や，それを
定義したり，拡張したり，まとめたりするしくみが異なる点に注意する必要がある．
たとえば，C言語は，整数型（int）やメモリを直接参照可能なポインタ型，それを
まとめる配列や構造体などを提供している．Java言語は，言語が提供する基本型に
加えて，プログラマが型を定義可能なしくみを提供している．制御構造に関しても，
プログラミング言語ごとに異なるしくみが提供されている．C言語では，単純な選択
構造（if, switch），反復構造（do, while），分岐処理（break, continue, return），
関数呼び出しがよく使用されるが，Java言語ではこれらに加えて，例外処理，動的
なメソッド呼び出し先の決定（動的束縛），マルチスレッド実行なども提供している．

　仕様に基づき正しいプログラムを作成するために，プログラマは採用するプログラ
ミング言語に十分精通していなければならない．さらに，顧客や利用者の要求が現実
的であるかを判断するために，さまざまなアルゴリズムを使いこなせることが必須で
ある．アルゴリズムとは，たとえば，データを並び替える，大量のデータ群から特定
のデータを探す，グラフ上で最短経路を求めるといった処理手順のことである．

9.2.2　構造化定理

　ダイクストラ（Edsger W. Dijkstra）は，わかりやすいプログラムに関する調査結
果に基づき**構造化プログラミング**を提案した．わかりやすいプログラムは制御構造が
単純で，その実行順序がソースコード中の命令や文の記述順序にほぼ等しく連続的で
ある．一方で，プログラム中の任意の地点（命令や文）に実行時点を移動可能な
GOTO文が多用されると，プログラムの実行順序は追跡しにくく，ソースコードで
実現されている機能を理解するのが難しくなる．また，ソースコードにバグが存在し
た場合，その影響範囲を特定するのも難しい．このように，構造が複雑なプログラム
に対する作業の負担は大きい．

　そこで構造化プログラミングでは，GOTO文をなるべく使わず，プログラムを次
の3つの基本制御構造の組み合わせで記述する．

　(a)連接　命令Aを実行し，その後に命令Bを実行する．

　(b)選択　条件Pの真偽により，命令Aか命令Bのどちらかを実行する．

　(c)反復　条件Pが真である間，命令Aを繰り返し実行する．命令Aを実行する
　　　前に条件判定を行う場合と，命令Aの実行後に条件判定を行う場合がある．

9.2 構造化プログラミング

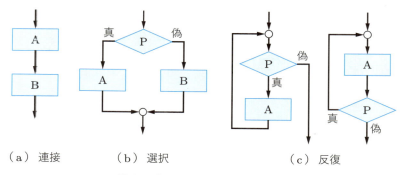

(a) 連接　　(b) 選択　　(c) 反復

図 9.3　構造化プログラミングにおける基本制御構造

基本制御構造を図 9.3 に示す．長方形はプログラム中の命令，ひし形は条件判定，矢印はプログラムの制御の流れを表す．このような図を**フローチャート**という．

いま，次の 2 つの条件を満たすプログラムを**適正プログラム**と定義する．

(1) 制御の流れに対して，入口と出口が必ず 1 つずつある．
(2) 入口から出口への制御の流れに，すべての命令が関与する．これは，実行されない命令が絶対に存在しないことを意味する．

構造化定理とは，すべての適正プログラムが，図に示す 3 つの制御構造の組み合わせで記述可能であることを示したものである．これは，**ベーム**（Corrado Böhm）と**ヤコピーニ**（Giuseppe Jacopini）により証明された．

図 9.4 に基本制御構造を組み合わせた適正プログラムの例を示す．図(a)では，選択と反復が連接している．図(b)では，反復の内側に選択が含まれ，さらに選択の偽方向の枝に連接が含まれている．

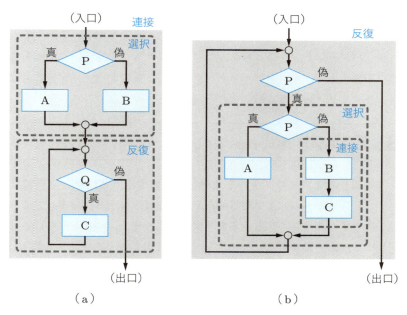

(a)　　　　　　　　(b)

図 9.4　適正プログラムの例

106 第9章 プログラミング

　構造化プログラミングでは，GOTO 文の使用を禁じているわけではない．目的は，あくまでも制御構造が把握しやすいプログラムを記述することである．現在では，関数からの戻り（return），繰り返しからの脱出（break），例外処理などにおいて，GOTO 文の必要性は認められている．

　また現在，多くの手続き型言語では，構造化プログラミングの考え方を取り入れた命令が用意されている．このようなプログラミング言語を用いたコーディングでは，構造化プログラミングの 3 つの基本制御構造をそのまま対応する命令に置き換えて，ソースコードに記述することになる．このため，制御構造をそれほど意識しなくても，構造化プログラミングに基づくプログラムを作ることができる．オブジェクト指向言語を採用した場合でも，基本的にはプログラム中のどこかに必ず制御構造を記述することになるため，構造化プログラミングの考え方は有効である．

▌9.2.3　プログラミングスタイル

　ソースコードを記述する際には，決められたプログラミングスタイルを守らなければならない．通常，プログラムはエディタを用いて，ソースコードをテキスト形式で入力する．構造化プログラミングの原則に基づきソースコードを記述することを前提とすれば，それぞれの命令の制御範囲に応じた適切な字下げ（インデント）が可能である．また，データや関数には，その内容を的確に示す名前を付けることも重要である．さらに，複数の開発者でプログラミングを行う際には，組織やプロジェクトで制定した字下げや名前付けに関するコーディング規約に従う必要がある．

　ここで，オブジェクト指向における良い設計の集まりを**デザインパターン**（12.5 節を参照）という．デザインパターンは，特定のプログラミング言語に依存しない抽象的な表現で定義されるのが一般的であるが，同じ処理を繰り返す際に用いるイテレータなど実装コードを強く意識したものも存在する．これらを，とくに**コーディングパターン**ということもある．プログラミングの定石，よく知られたアルゴリズム，イディオムは，コーディングパターンの一種である．イディオムとは，特定のプログラミング言語でよく用いられる実装コードやアルゴリズムである．

9.3　デバッグ技法

　誤りのないプログラムを最初から作成することは難しいので，実装工程においてソースコードの修正は必須である．ここで，ソースコードに含まれる誤りや，これによって引き起こされる現象を**バグ**という．また，バグを取り除く作業を**デバッグ**という．一般に，出荷後のソフトウェアに含まれる誤りを除去する作業は，是正保守（11.1.3 項を参照）に分類にされるが，ここでは実装工程においてバグを修正するデバッグ技法を紹介する．

9.3.1 デバッガとアサーション

バグを修正するためには，まずはじめにバグの存在箇所を特定する必要がある．通常，プログラムの実行箇所や，そこに含まれる変数の値は時間とともに変化する．デバッガとは，特定の時刻において，プログラムのどの箇所が実行されているのかを調査したり，それぞれの変数がどのような値を保持しているのかを観測したりする作業を支援するツールである．デバッガは，ソースコード上にブレークポイント（停止箇所）を設定することで，プログラムの実行を停止させることができる．停止させた状態で変数の値を調べることで，プログラマは不正な値を見つける．また，停止させたプログラムを少しずつ順番に実行（ステップ実行）することで，プログラムの実行の流れが正しいかどうかを確認する．

ソースコードによっては，デバッガを用いてプログラムを停止させて，変数の値を調査するのが面倒なことがある．このような場合，ソースコードにアサーション（表明）を記述する．たとえば，この関数が呼び出された直後の引数 x の値は必ず 0 以上であるとか，この繰り返し文の内部において変数 s の値は必ず 1 文字以上の文字列になっているかなどのアサーションが考えられる．アサーションに記述された条件はプログラムの実行時に検査され，条件が満たされない場合には，その箇所がプログラマに提示される．

9.3.2 データ依存関係と制御依存関係の利用

デバッグのとき，不正が発見された箇所とバグの存在箇所のずれを意識することが重要である．一般に，ソースコード中に現れる変数どうしは関係をもつ．たとえば，図 9.5(a) に示す 2 つの代入文が順番に実行されるソースコードを考える．この場合，変数 y は変数 x と関係をもつだけでなく，変数 a とも関係をもつ．このような状況で，変数 y の値が不正であることがわかったとしても，y = x + 3 の代入文だけが間違っているとはいえない．x = a + 1 の代入文か，変数 a の値を計算する処理が間違っている可能性もある．このような状況でデバッグを行う場合，データ（変数の値）の定義と，そのデータの参照を結びつけるデータ依存関係（data dependency）を調べることが有用である．図(a)に示すソースコードでは，変数 a の値が変数 x に流れ，変数 x の値が変数 y に流れることになる．このようなデータの流れを追跡することで，バグの存在箇所をより正確に特定できる．

ソースコードには，データ間の関係だけでなく，制御に対する関係も存在する．た

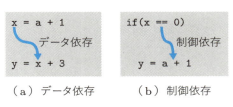

図 9.5　依存関係

108 第9章 プログラミング

とえば，図(b)に示すソースコードを考える．条件文（if 文）の真方向の処理（y = a + 1）が実行されるためには，その条件文の条件式が真になっていなければならない．y の値が不正であることが観測された場合，y = a + 1 の代入文が間違っているかもしれないし，その処理を実行するための if 文の条件式（x = = 0）が間違っているかもしれない．このような状況でデバッグを行う場合，条件式の真偽により実行されるかが決まる文や，式を結びつける制御依存関係（control dependency）を調べることが有用である．制御依存関係を追跡することで，分岐や繰り返しに関係するバグの箇所をより正確に特定できる．

9.3.3　デルタデバッギングとスペクトラムに基づく欠陥特定技法

バグの存在箇所を効率的に特定する技法として，デルタデバッギング，およびスペクトラムに基づく欠陥特定技法（Spectrum-Based Fault Localization：SBFL）を紹介する．どちらも，テスト技法（10.2 節を参照）を活用する方法である．

デルタデバッギングは，テストの実行結果に応じてバグに無関係な入力データを取り除いていくことで，テストが失敗する最小の部分集合を求める技法である．最小の部分集合である入力データを用いたテストが失敗する実行経路上にバグは存在するので，バグの存在箇所を徐々に狭くできる．テストケースではなく，ソースコードの一部を取り除き，テストが失敗する最小のソースコードを特定する方法もある．

SBFL は，テストに失敗した際に実行された文のほうが，テストに成功した際に実行された文よりも，バグである可能性が高いという前提のもと，バグの存在箇所を特定する技法である．デルタデバッギング，SBFL ともに技法は自動化されているため，テストケースを用意するだけで適用できる．

9.3.4　自動プログラム修正

バグの存在箇所が特定できたとしても，どのようにバグを修正すればよいのかを決定することは難しい．近年では，テストに成功するプログラムは正しいことを前提とした，自動プログラム修正（Automated Program Repair：APR）の研究がある．遺伝的アルゴリズム，修正テンプレート，機械学習などを利用し，特定したバグを別のコードに置き換え，テストに成功するソースコードを自動的に生成する．ただし，修正後のソースコードはテストに成功するだけで，バグ修正が適切であるとは限らない．仕様に対して用意したテストケースが不十分である場合，仕様を満たすソースコードは得られないことに注意する必要がある．

9.3.5　デバッグにおける心構え

デバッグでは，特定の処理に対して，バグの存在箇所の実行を回避したり，変数の値を場当たり的に変更したりすることで，バグを隠すような修正はすべきではない．このような修正は，ソフトウェアの想定外の利用に対して非常に脆く，さらに将来のソースコード変更においてバグ修正をますます困難にする．不正な値が格納されたり，

9.4 バージョン管理　　109

不正な文が実行されたりした根本的な原因を探り，新たなバグを埋め込まないように慎重にソースコードを修正することが重要である．

9.4 バージョン管理

　ソフトウェアの規模が大きい場合，すべての機能を備えたソースコードを一度に作成することは現実的ではなく，徐々に作成するのが一般的である．また，複数のプログラマで開発する場合，誰がどこを記述したのかが把握できないと，ソースコードの一貫性が維持しにくくなる．

　バージョン管理（版管理）とは，ソフトウェアに対して，誰が，いつ，どのような変更を実施したのかを記録・追跡する作業をいう．いま，単純に機能拡張だけが行われた場合，以前のソフトウェアに対して互換性をもつため，動作中のソフトウェアを置き換えることによって大きな問題は発生しないはずである．しかし，修正や改善により互換性が保たれる保証はない．偶然に正しく動作しただけかもしれないし，新たな要求が元の要求を打ち消しただけかもしれない．このような場合，動作中のソフトウェアを変更後のソフトウェアに置き換えることで，問題が発生することが多い．問題が発生した場合に元のソフトウェア構成に素早く戻すため，あるいは，動作中のソフトウェア構成を正確に把握するために，ソフトウェアのバージョン管理は必須である．

9.4.1　バージョンとリビジョン

　バージョンとは，顧客の要求を満たすソフトウェアの特定の構成（スナップショット）である．これに対して，リビジョンとは，同じバージョン間における機能拡張や不具合修正を目的とした更新である．また，リリースとは，出荷された段階のバージョンのことである．図 9.6 に，バージョンとリビジョンを示す．ここでは，ソフトウェアが 4 つのコンポーネントで構成されている．コンポーネント A と B は単一のファイル，C と D は複数のファイルをもつ．最初のリビジョン R0 は，バージョン 1.0 に含まれる A0，B0，C0，D0 を組み合わせたスナップショットである．その後，D が変更されリビジョン R1 が作成，B が変更されてリビジョン R2 が作成されている．さらに，B，C，D が変更されてリビジョン R3 が作成されている．ここでは，リビジョン R3 がバージョン 2.0 としてリリースされている．

　コンポーネントによって構成されるソフトウェアのリビジョンが時間的に変化していく過程を表したものをコードラインという．図のコードライン Main では，4 つのリビジョンが R0，R1，R2，R3 の順に作成されている．コンポーネントに含まれるファイルは，ワークスペースにおいて編集される．ワークスペースとは，ソフトウェア開発作業を実施する空間であり，開発者が作業する際に必要なさまざまな成果物（ソースコードやライブラリ）が格納される．具体的には，開発者が作業するコンピュータ

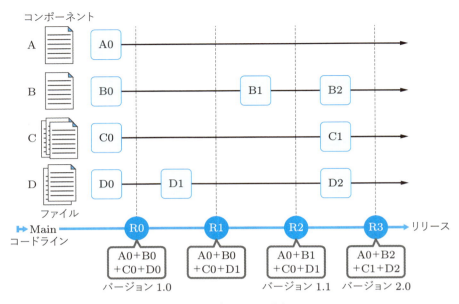

図 9.6 バージョンとリビジョン

において，開発支援ツールが管理するディレクトリ上に集められたファイルの集合である．

9.4.2 ブランチとマージ

通常のソフトウェア開発および保守では，複数のバージョンが同時に管理される．たとえば，バージョン 1 のリリース後，そのバグ修正を実施するのと同時に，バージョン 2 の開発を始めることがある．また，複数の開発者がそれぞれ新たな機能をソフトウェアに追加する場合，独立して開発できるほうが効率的なので，コードラインをリリースごと，あるいは機能拡張ごとに用意する．

バージョン管理では，これをブランチとマージという仕組みで実現している．ブランチとは，コードラインのある時点を起点として新たなコードラインを分岐させることである．一方，マージとは，それぞれのコードラインにおいて独立に実施された変更を，もとのコードラインに統合することである．図 9.7 にブランチとマージの例を示す．図では，メインのコードライン Main から，バージョン 1.0 のリリースのためのブランチ（Rel1）と，バージョン 2.0 において UI の機能拡張を行うためのブランチ（newUI）が作成されている．バージョン 1.0 のリリースに対するバグ修正は Rel1 において実施され，修正後に Main にマージされている．また，newUI において実施された機能拡張とバグ修正は Main にマージされ，その後にバージョン 2.0 のリリース向けのブランチ Rel2 が作成されている．このようにブランチとマージを利用することで，ソフトウェアに対して独立して変更が実施できる．

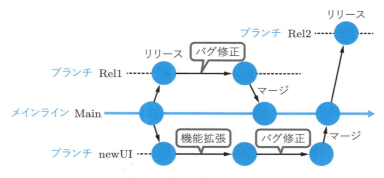

図 9.7　ブランチとマージ

9.4.3　バージョン管理システム

　バージョン管理のためのシステムは，集中型と分散型に分けられる．図 9.8(a)に示す集中型のバージョン管理システムでは，開発者は中央に用意した共有リポジトリから必要なファイルを取得（チェックアウト）して，個人のワークスペースで編集する．リポジトリとは，開発に必要なデータを格納する所蔵庫のことである．編集後のファイルを共有リポジトリに投入（チェックイン）することで，ファイルの変更が即時に反映される．一方，投入したファイルは共有されてしまうため，変更が完了していないファイル（実行できない編集途中のファイルなど）の投入は許されない．また，共有リポジトリを提供しているサーバに接続できない場合，ファイルの変更情報を記録できない．代表的な集中型のバージョン管理システムに Subversion がある．

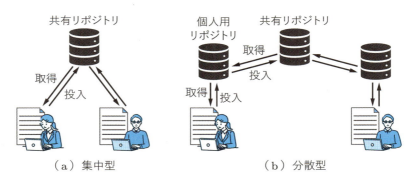

図 9.8　バージョン管理システム

　図(b)に示す分散型のバージョン管理システムでは，それぞれの開発者は個人用リポジトリをもつ．開発者は，まず中央に用意した共有リポジトリから個人用リポジトリに必要なファイルを取得（プル）する．その後，個人用リポジトリからファイルを取得（チェックアウト）して，個人のワークスペースでファイルを編集する．開発者は，編集後のファイルを個人用リポジトリに投入（コミット）する．個人用リポジトリ内のファイルは他の開発者と共有されないため，変更が完了していないファイルでも投入が許されており，ファイルの変更情報を自由に記録できる．変更が完了したファ

イルを共有するためには，個人用リポジトリから共有リポジトリに編集後のファイルを投入（プッシュ）する．個人用リポジトリを開発者のコンピュータ上に用意することで，共有リポジトリを提供しているサーバに接続できない場合でも，バージョン管理が実施できる．代表的な分散型のバージョン管理システムに Git がある．

9.4.4 プルリクエスト

開発者が共有リポジトリを利用して自分の作成したソースコードを公開し，それを別の開発者が自分の個人用リポジトリ上で自由に改変したり，改変したソースコードを共有したりする活動をソーシャルコーディングという．Git を採用し，共有リポジトリを Web 上で提供するサービスに GitHub がある．個人用リポジトリで改変したソースコードの共有を試みる場合，それを共有リポジトリに投入する権限が必要である．しかし，悪意をもった開発者や未熟な開発者に権限を与えてしまうと，共有リポジトリに格納されているソースコードが破壊されることがある．そこで，GitHub は，図 9.9 に示すプルリクエスト (pull request) という仕組みを提供している．

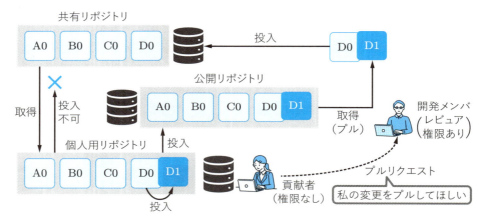

図 9.9　GitHub におけるプルリクエスト

プルリクエストとは，プロジェクトの外部にいる開発者（貢献者という）が，自分の個人用リポジトリにおいて行った変更を共有リポジトリに取り込んでもらうための依頼である．通常，個人用のリポジトリは公開されていないため，個人用リポジトリの内容を公開リポジトリに投入する．公開リポジトリは，共有リポジトリにおけるブランチのこともある．プルリクエストを受け取った開発メンバー（レビュア）は，コードレビューを通して，プルリクエストにおける変更内容を取り込むかどうかを判断する．開発メンバーが変更内容を妥当であると判断すると，プルリクエストは受け入れられる．妥当でないと判断されると，プルリクエストは却下される．プルリクエストを利用することで，世界中の開発者は，共有リポジトリ上に存在するソースコードに対して，バグ修正や機能拡張を行う機会を得ることができる．

演習問題　113

ポイント

● **プログラミング**とは，分析工程や設計工程において作成された要求仕様や設計仕様に基づき，**モジュールの論理設計**（データ構造やアルゴリズムの決定）を行い，プログラムのソースコードを記述する作業である.

● できあがったソースコードに対しては，プログラマ自身が**単体テスト**を行い，モジュールが正しく動作するかを確認する．もしモジュールが仕様どおりに動作しない場合，プログラマは誤りを検出し，それを除去するためにソースコードを修正する.

● 近年のソフトウェア環境では，さまざまな開発ツールが個別に存在するのではなく，それらツール群を連携させて実行できる．このようなソフトウェア環境を**統合開発環境**という.

● **構造化プログラミング**において，すべての適正プログラムは**連接，選択，反復**の3つの基本制御構造の組み合わせで記述可能である.

● 現在，多くの手続き型言語では，構造化プログラミングの考え方を取り入れた命令が用意されている．このようなプログラミング言語を用いたコーディングでは，制御構造をそれほど意識しなくても，構造化プログラミングに基づくプログラムを作ることができる.

● ソースコードを記述する際には，決められた**プログラミングスタイル**を守らなければならない．それぞれの命令の制御範囲に応じた適切な字下げ（インデント），データや関数に対する適切な名前付けが重要である.

● **バージョン管理**とは，ソフトウェアに対して，誰が，いつ，どのような変更を実施したのかを記録・追跡する作業である．適切にバージョンを管理することで，変更により問題が発生した場合に，元のソフトウェア構成に素早く戻したり，動作中のソフトウェアの構成を正確に把握したりできる.

● インターネットを介してソースコードが公開されており，無償で誰でも自由にソフトウェアの改変や再配布できる．GitHub の提供するプルリクエストのしくみにより，世界中の開発者が，共同でソフトウェアを開発するソーシャルコーディングが盛んになっている.

演習問題

9.1　プログラミングにおける作業を説明せよ.

9.2　コーディングにおいて，理解しやすいプログラムを作成しなければならない理由を説明せよ.

9.3　構造化プログラミングにおける適正プログラムを説明せよ.

9.4　デバッガの役割を説明せよ.

9.5　ソフトウェア保守技法におけるバージョン管理の必要性について説明せよ.

第10章

テストと検証

keywords

障害, 欠陥, バグ, テストケース, トップダウンテスト, ボトムアップテスト, ホワイトボックステスト, ブラックボックステスト, 信頼性成長モデル, 妥当性確認, 正当性検証, レビュー

　完成したソフトウェアを出荷あるいは納品する前には, そのソフトウェアが顧客や利用者の要求を満たすかを必ず検査する必要がある. 現在のソフトウェア開発では人間による作業が介入するため, 誤りは必ず存在すると考えるのが自然である.

　本章では, まずソフトウェアの誤りを見つけるためのソフトウェアテストとその技法について説明する. その後, ソフトウェアが要求されている品質を満たすことを確認するソフトウェア検証とその技法について説明する.

10.1 ソフトウェアテストとは

　テストとは, プログラムにテストデータを与えて実行し, その結果からソフトウェアの開発中に紛れ込んだ誤りを検出する作業のことである. 現在のソフトウェアの複雑度は, 人間が簡単に理解できる限界を超えており, 設計や実装の工程で誤りは必ず起こるといっても過言ではない. このため, 作成した設計図やプログラムを, 開発者がテストすることは必須である. 開発者が誤りを見つけ, それを修正できれば, 出荷後あるいは納品後のソフトウェア障害の一部を未然に防ぐことができる. また, テストにより顧客や利用者に実行結果を確認してもらうことで, 要求仕様の誤りを修正する機会を得られる.

　ここで, テストに関する用語について, 簡単にまとめておく. 開発において人間が起こした間違いにより仕様書, 設計書, プログラムに**障害**や**欠陥**が発生する. 通常, これらはテスト実行時の**誤り**として顕在化する. 誤りとは, 実行結果と予測される出力結果との間に現れる差である. 誤りを含むソフトウェアは, 顧客や利用者の要求に反する動作を行い, それは故障として観測される. ただし, すべての障害や欠陥が故障を引き起こすわけではない. 障害や欠陥はソフトウェア内部に存在する誤り, 故障は外部からみた誤った振る舞いである. **バグ**は障害や欠陥とほぼ同義である.

10.1.1 ソフトウェアテストの性質

　テストの目的は, ソフトウェアが正しいことを示すこと, つまりソフトウェアに障

害や欠陥がないことを示すことであると考えられがちである．しかし，テストによって，ソフトウェアに障害や欠陥がないことは示せない．テストとは，限られたテストデータに基づき，ソフトウェアに潜む障害や欠陥を発見する作業であり，それらが見つかった場合に限り，それらの存在を示すだけである．マイヤーズ（Glenford J. Myers）によると，テストとは，ソフトウェアが正しく動作することではなく，正しく動かないことを示すために実施する作業である．

テストに関するもうひとつの誤解として，テストでソフトウェアの品質を向上させることができるというものがある．テストはあくまでも障害や欠陥を発見する作業であるため，品質が維持できていないことを確認することしかできない．したがって，どんなにテストを繰り返しても，ソフトウェアの品質を直接向上させることはない．品質を向上させるためには，設計工程や実装工程で要求される品質を作り込んでおくことが重要である．

10.1.2 テストの作業

テスト作業は図 10.1 のようになる．手順を次に示す．

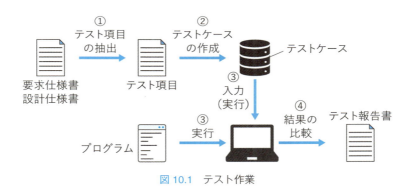

図 10.1 テスト作業

①**テスト項目の抽出**　要求仕様書や設計仕様書に書かれている内容に基づき，テスト項目を抽出する．

②**テストケースの作成**　テスト項目に対応する入力データと予想される出力結果を決定し，**テストケース**（入力と出力の組）を生成する．

③**プログラムの実行**　テストケースの入力データを用いて，実際にプログラムを実行し，その実行結果を収集する．

④**結果の比較**　実行結果と予測される出力結果を比較し，各テスト項目に対する成功，あるいは失敗を記録したテスト報告書を作成する．

テスト実施者は，テスト報告書に記録された成功（誤りなし）および失敗（誤りあり）したテスト項目から，失敗の原因となっている障害や欠陥を究明し，それらを取り除く．

一般に，テストは要求分析，設計，実装の工程で作成された成果物すべてを受けて

行われるため，その作業は多岐にわたり，費用も大きい．そのため，テストを効率的に実施するためには，その実施計画を事前に用意しておく必要がある．これを**テスト計画**という．テスト計画には，テストの目的，人員や資源の割り当て，実施するテストの種類，適用するテスト技法，スケジュールなどに関する情報が含まれる．

10.1.3 テスト工程

開発工程に応じて，通常，テストも複数の工程を通して実行される．テスト工程を図 10.2 に示す．それぞれの工程ごとに詳細を説明する．

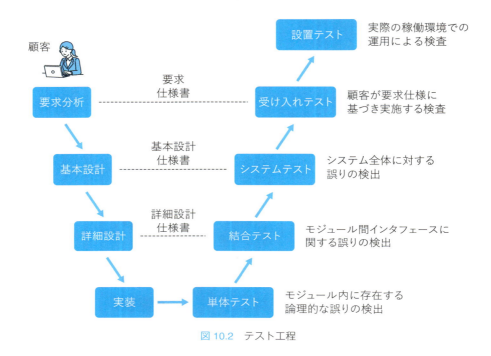

図 10.2　テスト工程

(1) 単体テスト（ユニットテスト）

実装工程において作成したプログラムに対して，はじめに実施する．これは，モジュール内部に存在する論理的な誤りを検出する作業で，モジュールごとに独立して実行する．通常この作業は，開発者自身がプログラムの作成と同時に行う．

(2) 結合テスト（インテグレーションテスト）

すべてのモジュールに対して単体テストが完了した後に，モジュールを結合して実施する．実際にモジュールを結合してテストを行うことで，詳細設計に記述されたモジュール間のインタフェースに関する誤りを検出する．このテストで検査される誤りは，引数の順序や型に関する間違い，引数に関する呼び出し時の前提条件の矛盾，モジュール間で共有するデータ構造の相違などである．

(3) システムテスト

完成したシステム全体の振る舞いを確認することで，その内部に存在する誤りを検

出する．実際のシステムにできるだけ近い環境（テスト環境）を構築し，基本設計仕様書に記述された機能や性能（非機能要求）などが実現できているかを検査する．

性能に対するテストには，過負荷テスト，容量テスト，互換性テスト，セキュリティテスト，タイミングテスト，回復テスト，ユーザビリティテストなどがある．

(4) 受け入れテストと設置テスト

受け入れテストは，開発者でなく，顧客や利用者が要求仕様に基づき実施する．これにより，システムが顧客の要求どおりに振る舞うことを顧客や利用者自身に納得させる．受け入れテストがテスト環境で行われるのに対して，設置テストは実際の稼働環境にシステムをインストールして実施する．

ここで，大衆向けソフトウェアのように利用者が特定できない場合，受け入れテストは開発者が利用者の立場に立って行う．これをアルファテストという．また，将来の利用者の一部に，先行的かつ試験的に利用してもらうことで行う受け入れテストを，ベータテストという．

10.1.4　結合テストの手法

結合テストは，モジュールの結合の仕方により，次の4つに分けられる．

(1) トップダウンテスト

最初に，プログラムの最上位モジュールを単独にテストする．次に，テスト済みのモジュールが呼び出す下位モジュールを結合し，より大きな単位でテストを行う．すべてのモジュールを結合するまで，この手順を繰り返す．

図 10.3 に示すモジュール構造図において，まずモジュール A のテストにとりかかる．この際，A はモジュール B や C を呼び出すが，上位モジュールから結合するテストでは，B や C のテストはまだ完了していない．そこで，B や C の身代わりとなるモジュールを用意する．これを**スタブ**という．スタブは，上位モジュールからの呼び出しに対して，もとのモジュールの動作を実際の処理を行わずに模倣し，テストを続行するために必要な出力だけを返す．B や C の身代わりとなるスタブは，誤りを含まないように作成される．このため，これらのスタブを用いた A のテストで誤りが検出されれば，その原因は A の内部か，A と B の間，A と C の間のインタフェースに存在することになる．

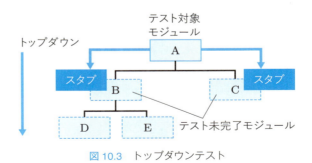

図 10.3　トップダウンテスト

トップダウンテストでは，プログラム全体に影響を与える可能性の高い上位モジュール，および，そのインタフェースの誤りを早期に発見可能である．また，下位モジュールの一部が完成していなくても，プログラム全体の概要をテストできる．その反面，テストの初期段階において作業の分散化が困難である．

(2) ボトムアップテスト

　最初に，プログラムの最下位モジュールをそれぞれテストする．次に，テスト済みのモジュールを呼び出している上位モジュールに対して，順次テストを実施していく．すべてのモジュールが結合するまで，この手順を繰り返す．

　図 10.4 に示すモジュール構造図において，モジュール D と E の単体テストを行う．次に，これらを結合するモジュール B をテストするが，下位モジュールから結合するテストでは，B を呼び出すモジュール A のテストはまだ完了していない．そこで，A の代わりに B を呼び出すモジュールを作成する．これを**ドライバ**という．ドライバは，下位モジュールを適切な手順で呼び出し，テストに必要な引数や返り値の受け渡しだけを担う．B を呼び出すドライバは誤りを含まないように用意する．さらに，D と E はすでにテスト済みである．このため，B に対するテストで誤りが検出されれば，その原因は B の内部か，B と D の間，あるいは B と E の間のインタフェースに存在することになる．

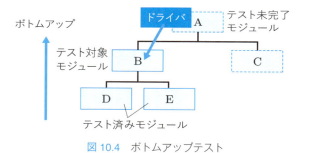

図 10.4　ボトムアップテスト

　一般に，最下位モジュールは独立してテスト可能であるため，初期段階から並行して数多くのモジュールをテストすることができる．その反面，プログラム全体に影響を与える可能性の高い上位モジュール，および，そのインタフェースに関する誤りの発見が遅れるという欠点がある．とくに，最上位に近いモジュールにおける誤りの修正は，その下位に属するすべてのモジュールに影響を与える可能性がある．この場合，下位モジュールに関する大量の再テストが要求される．

(3) サンドイッチテスト

　ボトムアップテストとトップダウンテストを統合し，それぞれの利点の融合を目的とする．基本的に，トップダウンにモジュールを結合し，スタブの作成が困難な部分や下位に存在する重要な部分に対してのみボトムアップにモジュールを結合し，テストを実施する．

(4)ビックバンテスト

すべてのモジュールを単独でテストした後，それらを一度に結合してテストを実施する．小規模なプログラムやプログラムの一部に対して行うことが多い．

10.2 テスト技法

テスト技法は，テスト対象のソフトウェアをどのように扱うかによって，次の2つに分けられる．

(1)ホワイトボックステスト　ソフトウェアの内部仕様やプログラムコードに基づき，テストケースを作成して実施する．プログラムに入力データを与え，その実行の様子を追跡することで，誤りを検出する．代表的なテスト技法として，プログラム構造に基づく論理網羅がある．

(2)ブラックボックステスト　ソフトウェア内部の詳細（プログラムの内部構造やアルゴリズム）を見ずに，要求仕様書や外部仕様書に記述されたソフトウェアの振る舞いに基づき実施する．プログラムに入力データを与え，実行結果だけを観測することで誤りを検出する．代表的なテスト技法として，同値分割，境界値分析，原因結果グラフ，ペアワイズ法がある．

10.2.1　論理網羅

論理網羅では，プログラムを構成する論理要素をできるだけ網羅するようにテストケースを作成する．網羅する論理要素に応じて，いくつかの指標がある．ここでは，図 10.5(a)に示す**制御フローグラフ**で表現されるプログラムを考える．制御フローグラフにおいて，ノード（節点）はプログラムの命令（文や式），アーク（矢印）はプログラムの制御フロー（実行の流れ）に対応する．

(1)命令網羅（文網羅）

プログラム中のすべての命令（制御フローグラフの全ノード）を少なくとも1回は実行するようにテストケースを決定する．C0 と表現されることもある．

図のプログラムに対して，入力データ（x = 1, y = 1, z = 1）を与えると，プログラムの実行は start ノードから始まり，アーク a, b, c, d, g, h を通り，ノード end に到達する（実行パス（経路）は abcdgh となる）．このとき，すべてのノードが1回ずつ実行される．よって，網羅率（全ノードに対する実行したノードの割合）は 100%となる（命令網羅を満たす）．別の入力データ（x = 0, y = 0, z = 0）を与えると，実行パスは abegh となり，文 S3 が実行されない．この場合，網羅率が100%にならない（命令網羅を満たさない）．

命令網羅を満たすテストケースを決定することは容易であり，テストとして実施しやすい．その一方，分岐や繰り返しといったプログラム構造の検査という点では貧弱である．たとえば，実行パスが abcdgh となるテストを実行し，命令網羅を満たして

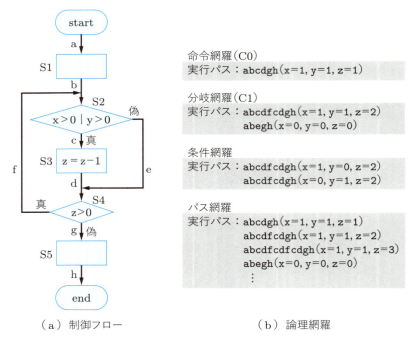

図 10.5　プログラムの制御フローと論理網羅

いたとしても，アーク e の合流先が適切かの検査はしていない．命令網羅は，最低限のテストと認識するのがよい．

(2) 分岐網羅

　プログラム中のすべての分岐（制御フローグラフの全アーク）を，少なくとも 1 回は通過するようにテストケースを決定する．図(b)のように，C1 と表現されることもある．

　図(a)のプログラムに対して，実行パスが abcdfcdgh と abegh となる 2 つの入力データ（$x=1, y=1, z=2$ と $x=0, y=0, z=0$）を用意すれば，すべてのアークを 1 回以上通過する．つまり，網羅率（全アークに対する通過したアークの割合）は 100％ となる．

　分岐網羅を満たすテストを実施することで，分岐における条件の誤りや分岐の合流先の誤りを検出できる可能性がある．その反面，分岐網羅を満たしても，繰り返し回数に関する誤りや条件に論理演算が含まれる場合の誤りを見逃す場合がある．たとえば，論理和を含む条件文 S2 において，$y>0$ を $y<0$ と間違えて記述した場合を考える．この場合，入力データとして $x=1$ を指定すると，y の値をどのように指定しても，y に関する条件の誤りを検出できない．

(3) 条件網羅

　プログラム中の分岐に関連するすべての条件判定（条件を分割したもの）を，少なくとも 1 回は実行するようにテストケースを決定する．図(a)のプログラムに対して，

条件文 S2 の条件は x ＞ 0 の真偽と y ＞ 0 の真偽に分割できる．S2 におけるそれぞれの条件を少なくとも 1 回は実行するためには，たとえば，x ＞ 0 が真かつ y ＞ 0 が偽の場合と，x ＞ 0 が偽かつ y ＞ 0 が真の場合を考えればよい．いま，実行パス abcdfcdgh となる 2 通りの入力データ（x = 1，y = 0，z = 2 と x = 0，y = 1，z = 2）を用意すれば，どちらも z ＞ 0 の真偽を検査するので，結果的に 3 つすべての条件判定を網羅する．これにより，網羅率（全条件判定に対する真偽を検査した条件判定の割合）が 100 ％となる．

　条件網羅を満たすテストを実施することで，分岐網羅で見逃してしまう各条件判定の誤りを検出できる可能性がある．その一方，分岐に関するすべての制御フローの検査を保証していない．たとえば，図(b)に示す条件網羅では，アーク e に対する検査を実施していない．このような検査を補足するために，分岐網羅と条件網羅を組み合わせた分岐/条件網羅がある．たとえば，実行パスが abegh となる入力データ（x = 0，y = 0，z = 0）を追加すると，分岐網羅と条件分岐網羅の両方が満たされる．

(4) パス網羅

　プログラム中のすべての実行パスに関してテストを実施する．図(a)のプログラムには，変数 z の条件に関する繰り返しが含まれており，アーク f を 1，2，…，N 回通過する．また，1 回の繰り返しにおいて，アーク c とアーク e のどちらかを通過する．すべての実行パスを求めるには，アーク（c と e）とアーク f との組み合わせを求めればよい．

　プログラムが繰り返しを含む場合，実行パスの数が膨大になる（繰り返し回数が未定の場合には，無限大も考慮する必要がある）．このため，通常はパス網羅が要求されることはない．

▍10.2.2　同値分割

　プログラムの入力値の領域を，要求仕様書や設計仕様書に記述された入力条件が成立する範囲（**有効同値クラス**）と成立しない範囲（**無効同値クラス**）に分割し，テストケースを決定する方法である．同値とは，同じ範囲に属する入力データに対して，同じ実行結果が得られることである．**同値分割**では，特定の入力データで誤りが検出できなかった場合，それと同じ範囲に属する入力データでも誤りは検出できないことになる．つまり，特定の入力データを 1 つ選んでテストを実施すれば，それが属する範囲の入力データ全体でテストを実施したこととみなせる．ただし，理論的に正しい同値クラスを設定することは非常に難しく，適当な数の入力条件で近似するのが一般的である．

　同値分割の手順を次に示す．

①それぞれの入力条件に対して，有効同値クラスと無効同値クラスを識別する．表10.1 に同値クラスの例を示す．

②有効同値クラスに属する入力データを決定して，テストを実施する．入力データ

122　第 10 章　テストと検証

表 10.1　同値クラスの例

入力条件	有効同値クラス	無効同値クラス
文字数	4 以上 8 以下	3 以下あるいは 9 以上
文字の種類	英字と数字の組み合わせ	英字のみ, 数字のみ
先頭文字	英字	数字

としては，"aB3c45De" や "x123" などがある.

③ 1 つの無効同値クラスに属する入力データと，残りの有効同値クラスに属する入力データを決定して，テストを実施する．必ずしも無効同値クラスの入力データを 1 つに限定する必要はないが，限定することにより，誤りが発生する入力条件が特定しやすくなる．入力データとしては，"Ab3"（3 文字以下），"aBCdEfg"（英字のみ），"9x1Y"（先頭が数字）などがある.

10.2.3　境界値分析

経験的に，多くの誤りが入力データの境界値付近で発生していることが知られている．このような知見に基づき，入力データを決定する際には，境界値や境界値から少しずれた値を用いるとよい．たとえば，表 10.1 に示す文字数の有効同値クラスに対して，境界値は 4 および 8 である．よって，4 文字や 8 文字の文字列，さらに，3 文字や 9 文字の文字列を入力データとして選択する.

10.2.4　原因結果グラフ

ソフトウェアを動作させる原因（入力）と，ソフトウェアによって実行された結果（出力）の因果関係に着目し，テストケースを決定する方法である．原因と結果の因果関係は，**原因結果グラフ**（cause-effect graph）で表現される．基本的に，原因や結果はソフトウェアの機能仕様に基づき抽出する．原因結果グラフで用いる論理記号を図 10.6 に示す．また，原因結果グラフの例を図 10.7 に示す．C1，C2，C3，C4は原因を表す節点，E1，E2 は結果を表す節点であり，M1，M2 は中間結果を表す補助節点である.

図における C1 と E1 は否定を表す論理記号でつながっているので，これらの間には「カートに商品がないとき，商品未選択メッセージが表示される」という因果関係が存在する．また，C2 と C3 には同時に成立しないという関係があるので，「住所は登録済みか，あるいは購入時に住所が入力されるかのどちらかである（登録済みの場合，購入時に住所を入力できない）」となる.

原因としてとりうるすべての組み合わせに関して，その結果を原因結果グラフから求めて作成したものが，決定表である．図 10.7 の原因結果グラフからは，表 10.2 に示す決定表が得られる.

ここでは，12 通りのテストケースが導出される．いま，結果 E2 が成立する（表が○の）場合を見ると，「商品を購入」という結果に対して，「カートに商品があり，

(a) 肯定：C1 であれば E1 が成立　(b) 否定：C1 でなければ E1 が成立

(c) 論理積：C1 かつ C2 であれば　(d) 論理和：C1 または C2 であれば
　　　　　E1 が成立　　　　　　　　　　　　　E1 が成立

(e) 排他(exclusive)：
　　同時には成立しない
　　包含(include)：
　　少なくとも一方は成立
　　1 つのみ(only one)：
　　つねに 1 つだけ成立

(f) 必要(require)：
　　一方が成立すれば他方も成立
　　マスク(mask)：
　　一方が成立すれば他方は不成立

図 10.6　原因結果グラフにおける論理記号

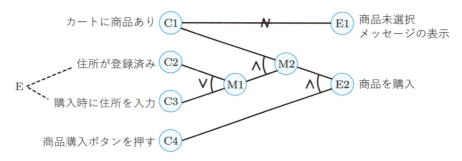

図 10.7　原因結果グラフの例

表 10.2　決定表の例（図 10.7 の原因結果グラフより作成）

		1	2	3	4	5	6	7	8	9	10	11	12
原因	C1	×	×	×	×	×	×	○	○	○	○	○	○
	C2	×	×	×	×	○	○	×	×	×	×	○	○
	C3	×	×	○	○	×	×	×	×	○	○	×	×
	C4	×	○	×	○	×	○	×	○	×	○	×	○
補助	M1	×	×	○	○	○	○	×	×	○	○	○	○
	M2	×	×	×	×	×	×	×	×	○	○	○	○
結果	E1	○	○	○	○	○	○	×	×	×	×	×	×
	E2	×	×	×	×	×	×	×	×	○	×	○

「住所が登録済みで，商品購入ボタンを押す」と「カートに商品があり，購入時に住所を入力し，商品購入ボタンを押す」の 2 通りのテストケースが得られる．

124 第 10 章 テストと検証

■ 10.2.5 ペアワイズ法

通常，ソフトウェアは複数の機能をもっており，顧客や利用者の要求はそれらの機能の組み合わせで実現されている．このため，個別の機能についてテストするだけでは不十分である．しかし，全機能に対してすべての組み合わせを網羅するようにテストケースを作成すると，その数は膨大になる．この場合，テスト対象の組み合わせを効果的に削減する**ペアワイズ法**（Pairwise 法）が利用できる．

図 10.8 に示すような 3 つの因子（金額，顧客情報，発送先）をもつネット販売システムをテストする場面を考える．それぞれの因子は 2 つずつ値（これを水準という）をもつとする．3 つすべての因子に対して水準の組み合わせを網羅するためには，図 (a)に示すように，8（= 2^3）通りのテストケースが必要となる．これに対して，ソフトウェアの不具合は 2 つの因子の組み合わせで発生する（3 因子以上の組み合わせ

テスト ケース	因子		
	金額	顧客情報	発送先
1	10 万円以上	登録済み	国内
2	10 万円以上	登録済み	国外
3	10 万円以上	未登録	国内
4	10 万円以上	未登録	国外
5	10 万円未満	登録済み	国内
6	10 万円未満	登録済み	国外
7	10 万円未満	未登録	国内
8	10 万円未満	未登録	国外

（a）もとの組み合わせ（2^3 = 8）

テスト ケース	因子		
	金額	顧客情報	発送先
1	10 万円以上	登録済み	国内
4	10 万円以上	未登録	国外
6	10 万円未満	登録済み	国外
7	10 万円未満	未登録	国内

（b）L4 直交表を利用

(10 万円以上，登録済み) (10 万円以上，国内) (登録済み，国内)
(10 万円以上，未登録) (10 万円以上，国外) (登録済み，国外)
(10 万円未満，登録済み) (10 万円未満，国内) (未登録，国内)
(10 万円未満，未登録) (10 万円未満，国外) (未登録，国外)

（c）2 つの因子のすべての組み合わせを網羅

図 10.8 ペアワイズ法によるテストケースの作成

では不具合は発生しにくい）という経験則に基づくと，テストケースは図(b)のように4通りに減らせる．図の例では，3つの因子があり，それら2つの組み合わせは（金額，顧客情報），（金額，発送先），（顧客情報，発送先）の3つである．これら3種類の組み合わせに対して，すべての水準の組み合わせが出現するようにテストケースを作成すればよい．

10.2.6 その他のテスト技法

ここでは，従来とは異なる観点で考案された2つのテスト技法を紹介する．

(1) メタモルフィックテスティング

作成したプログラムの出力が正しいかどうか，つまりテストの結果が成功か失敗かを判断するための方法や情報元をテストオラクルという．伝統的なテスト手法では，テストオラクルが存在すること，つまり特定の入力に対して期待される出力はあらかじめわかっていることを前提としている．しかし，ソフトウェアによっては，テストの成否を判断するための方法が存在しなかったり，簡単には見つからなかったりする．たとえば，いままでに誰も解けていない問題の解は未知である．また，機械学習が組み込まれたソフトウェアの出力結果は訓練データに依存するため，訓練前に出力を予測することはできず，さらに再訓練によって出力が変化することは避けられない．

メタモルフィックテスティング（Metamorphic Testing）とは，異なる入力の間に成立する関係と，それぞれの出力を比較することで，テストオラクルを利用せずにプログラムの誤りを検出する手法である．図10.9にメタモルフィックテスティングの概念を示す．ここでは，テスト対象のプログラムPは入力xに対して，yを出力することがわかっているとする．いま，入力xに対する変換mと出力yに対する変換nを用意する．このような場面において，入力x_mに対するプログラムPの出力y_mと変換nによって得られる出力y_nがつねに等しくなる場合，2つの変換の組(m, n)をメタモルフィック関係という．

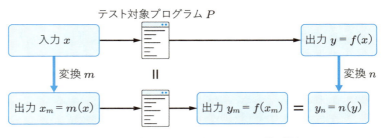

図10.9　メタモルフィックテスティングの概念

メタモルフィック関係が見つかれば，たとえテストオラクルが不明であっても，入力xに対するプログラムPの出力yから，y_mの期待する値y_nを用意することができる．y_mとy_nの値が等しくない場合，プログラムPには誤りが存在することになる．ただし，xに対するyが間違っているのか，x_mに対するy_mが間違っているのか，両

方とも間違っているのかについてはわからないことに注意する必要がある.

メタモルフィック関係の例として,「与えられた整数の集合から最小の整数を出力する」プログラムを考える.入力 $x = \{2, 6, 4, 3, \cdots\}$ に対して,出力 y が 2 となったとする.ここでは,x の要素数が膨大で最小値を人手で見つけることが難しいことを想定している.いま変換 m を「もとの集合 x に対して,出力される整数 y より大きな整数を追加する」,変換 n を「出力される最小の整数は y のままである($y_n = y$)」とすると,(m, n) はメタモルフィック関係になる.よって,入力 $x = \{2, 6, 4, 3, \cdots\}$ とした場合の出力 y と,入力 x に 8 を追加した入力 $x_m = \{8, 2, 6, 4, 3, \cdots\}$ とした場合の出力 y_m が等しくなるはずである.プログラムを実行して得られた y_m が y と異なる(この例では,2 が出力されなかった)場合,テスト対象プログラムには誤りが存在することになる.メタモルフィック関係としては,「集合の各要素に定数 c をかけると,合計はもとの合計の c 倍である」「検索対象を減らすと,検索結果の数は等しいか減る」などがある.

ここで,メタモルフィック関係は,必ずしも数学的に等価であることを前提とする必要はない.たとえば,機械学習を用いた人物判定プログラムに対して「もとの画像を 5°傾けても判定結果は変わらない」や,機械学習が組み込まれた自動運転車の制御プログラムに対して「雨のときの最高速度は同じか低い」というメタモルフィック関係を考えてもよい.これらは,テスト対象プログラムに対して成立すべきであると人間が考えた事項である.

(2) ミューテーションテスト

誤りの検出能力に基づき,テストの十分性を評価する手法を**ミューテーションテスト**という.この手法を図 10.10 に示すプログラムを例に説明する.テスト A はテストケース t1,t2,t3,テスト B はテストケース t1,t2,t4 で構成されている.もとのプログラムに対して,テスト A と B のどちらも成功する.このような場面において,もとのプログラムに対して,人工的(機械的)に誤りを混入させたプログラム(ミュータントという)を作成する.

いま図に示すような誤りを含むミュータントに対して,テスト A ではすべてのテストケースに成功してしまう.これに対して,テスト B では t4 が失敗するため,ミュータントに誤りが含まれることを検知できる.これらの結果から,テスト B のほうがテスト A よりも,誤りの検知能力が高いといえる.

ミュータントの作成には,図のように不等号を変える方法だけでなく,"+"演算子を"−"演算子に変える,変数名を入れ替えるなどの方法がある.このようなミュータントは自動生成可能であるため,大量に生成したミュータントを利用してテストの誤り検知能力を評価することができる.

```
テストケース
t1：入力[x = 2, y = 1] ⇒ 出力[z = 100]
t2：入力[x = 1, y = 2] ⇒ 出力[z = 200]
t3：入力[x = 1, y = 0] ⇒ 出力[z = 100]
t4：入力[x = 1, y = 1] ⇒ 出力[z = 200]
```

もとのプログラム
```
if(x > y)
   z = 100;
else
   z = 200;
```

テスト A ← t1：成功, t2：成功, t3：成功 → 成功

テスト B ← t1：成功, t2：成功, t4：成功 → 成功

生成 ↓ バグ

```
if(x >= y)
   z = 100;
else
   z = 200;
```

テスト A ← t1：成功, t2：成功, t3：成功 → 成功（もとの結果と同じ）

テスト B ← t1：成功, t2：成功, t4：失敗 → 失敗（バグを検知）

ミュータント
（人工的に誤りを混入させたプログラム）

図 10.10　ミューテーションテスト

10.3　信頼性成長モデル

どんなにテストを繰り返しても，ソフトウェアが正しいことは証明できない．そのため，いつまでテストを実行すればよいのかという疑問が生じる．

テストの終了を判断するひとつの手段として，信頼性成長曲線を用いた方法がある．これは図 10.11 のように，テストの実施件数（テストの進捗）を横軸に，検出した誤りの累積数を縦軸にして作られる曲線である．

一般にテストで検出される誤りは，初期段階では多く，実施件数の増加にともない減少する．これを検出された誤りの累積数でみると，テストが終了に近づくにつれ，

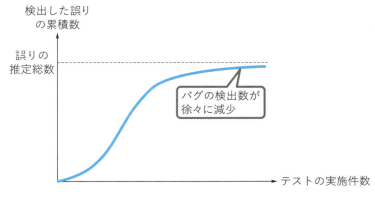

図 10.11　信頼性成長曲線

その増加は鈍くなる．つまり，誤りの累積数は徐々に収束していく．ここでは，収束値をソフトウェアに含まれる誤りの推定総数とみなす．現実には，テストに無限の時間や工数を費やすわけにはいかない．そこで，信頼性成長曲線の傾きがなだらかになった時点を，検出した誤りの総数が誤りの推定総数にほぼ等しくなった時点とみなし，テストを終了する．

　実際のテストにおいて，検出した誤りの累積数が一向に収束せず増加しつづける場合，モジュールの品質が極端に低いか，あるいは，ソフトウェアが大量の誤りを含んでいる可能性が高い．この場合，モジュールの単体テストからやり直すべきである．また，テストを進めても検出される誤りがそれほど増加しない場合，テストケースが不適切である可能性が高い．もちろんモジュールの品質が極端に高い場合もあるが，一般には，テストケースを再度決定し直すことを検討したほうがよい．

10.4　ソフトウェアの検証

　10.1.1 項で述べたように，テストでは誤りの存在を確認できても，誤りが存在しないことは証明できない．ソフトウェアに誤りが存在しないことを確認する作業を**検証**という．検証は次の 2 つの観点に分類できる．

- (1) **妥当性**　ソフトウェアが，利用者の要求を満たしているかという観点．妥当性を確認する作業を**妥当性確認**という．
- (2) **正当性**　与えられた仕様に対して，プログラムが正しく実装されているかという観点．正当性を確認する作業を**正当性検証**という．

　正当性検証は，その作業内容から，論理，代数，集合論などの数学的手法を活用した**形式的手法**（フォーマルメソッド）を用いて実施されるのが一般的である．数理論理学に基づいて対象ソフトウェアの性質（構造や振る舞い）をできるだけ厳密に記述することで，対象ソフトウェアにおける成果物の正しさを立証することを目指している．数学的手法は多くの開発者にとって必ずしもなじみがあるわけではないため，形式的手法をソフトウェア開発に導入するハードルは高い．一方で，ソフトウェアの信頼性に対する社会的関心は高まってきており，その適用が重要視されてきている．

　検証は大きく，仕様の検証とプログラムの検証に分けられる．それぞれの検証において利用される技法を紹介する．

10.4.1　仕様の検証

　要求仕様や設計仕様が形式的に記述されている場合，それらを解析することで正しさを確認する．たとえば，仕様を検証する技法に，定理証明やモデル検査がある．定理証明では，仕様に記述されている性質を命題とみなし，推論規則を適用することで命題を証明し，要求される性質が満たされることを確認する．モデル検査では，たとえば，ソフトウェアの安全性や活性が検査できる．安全性とは，望ましくない現象（デッ

ドロックやアクセス違反など）が決して起こらないことをいう．活性とは，望ましい
現象（計算結果の応答など）がいつか必ず起こることをいう．

非形式的な技法として代表的なものに，**レビュー**がある．これは，開発の途中で生
成された成果物，たとえば要求仕様，設計仕様，プログラムコードを見ながら，それ
らの内容を精査および確認する作業である．また，レビューを組織化したものに，**イ
ンスペクションとウォークスルー**がある．公式なレビューであるインスペクションで
は，事前に検査項目を決定しておき，各参加者はそれぞれの検査項目に関して正常な
動作と照合することで，誤りを指摘する．これに対して，非公式なレビューである
ウォークスルーでは，参加者はソフトウェアの実行を机上でシミュレートし，その正
しさに関する意見を述べたり，誤りを指摘したりする．

10.4.2 プログラムの検証

プログラムの検証の代表的な技法に，静的型検査や帰納表明法がある．

型とは，ものの集まりやものを分類するしくみである．プログラム言語処理系では，
変数や式のとりうる値を規定するものである．たとえば，ブール型の値は真か偽のど
ちらかに規定されている．**静的型検査**では，型に関する不適切な演算や操作を検査す
ることで，誤りを検出する．

帰納表明法は，プログラムを実行することで得られる結果が必ず正しいこと（正当
性）を証明する技法である．この技法では，プログラムの意味を，プログラムが実行
される前に成立する事前条件，プログラムの実行後に成立する事後条件，プログラム
の実行中につねに成立する不変条件で捉える．プログラムの正当性を証明できること
が理想であるが，ソースコードよりも難しい式を記述しなければならないことが多く，
その場合には非常に手間がかかる．

■ポイント

- ●完成したソフトウェアを出荷，あるいは納品する前には，そのソフトウェアが顧
  客や利用者の要求を満たすかを必ず検査する必要がある．ソフトウェアの開発中
  に紛れ込んだ誤りを，プログラムを実行することで検出する作業が**テスト**である．
- ●テストによって，ソフトウェアに障害や欠陥がないことは示せない．テストとは，
  限られたテストデータに基づき，ソフトウェアが正しく動作しないことを示す作
  業である．
- ●要求分析，基本設計，詳細設計，実装というソフトウェア開発工程に応じて，テ
  ストも，**単体テスト**，**結合テスト**，**システムテスト**，**受け入れテスト**という複数
  の工程を通して実行される．
- ●結合テストは，モジュールの結合の仕方により，大きく**トップダウンテスト**と**ボ
  トムアップテスト**に分けられる．トップダウンテストでは，テスト対象モジュー
  ルが呼び出す下位モジュールの身代わりとなる**スタブ**が必要である．また，ボト

ムアップテストでは，テスト対象モジュールを呼び出す**ドライバ**が必要である.

- テスト技法は，ソフトウェアの内部仕様やプログラムコードに基づき実施する**ホワイトボックステスト**と，要求仕様書や外部仕様書に記述されたソフトウェアの外部的振る舞いだけに基づき実施する**ブラックボックステスト**に分けられる.

- テストの終了を判断するひとつの手段として，テストの実施件数を横軸に，検出した誤りの累積数を縦軸にした**信頼性成長曲線**が利用できる.

- ソフトウェアに誤りが存在しないことを確認する作業が**検証**である．検証には，顧客や利用者の要求を満たすかを検査する妥当性確認と，作成したプログラムが要求仕様を満たすかを検査する**正当性検証**などがある.

演習問題

10.1　ソフトウェア開発におけるテストの重要な性質を説明せよ.

10.2　単体テストで検出が困難な誤りにはどのようなものがあるかを述べよ.

10.3　結合テストにおけるトップダウンテストとボトムアップテストの手順を説明せよ．さらに，それぞれの利点と欠点を説明せよ.

10.4　ホワイトボックステストとブラックボックステストの違いを説明せよ．さらに，それぞれのテストに属するテスト技法を 1 つずつ説明せよ.

10.5　ソフトウェア検証において，レビューを用いる利点を説明せよ.

第11章

保守と進化

keywords

レガシーソフトウェア，構成管理，影響分析，プログラム解析，リエンジニアリング，リストラクチャリング，リファクタリング，ソフトウェアリポジトリマイニング，ソフトウェア進化

　要求分析，設計，実装，テストを通して完成したソフトウェアが顧客に出荷あるいは納品され，現場のコンピュータにインストールされる．インストール後のソフトウェアが正しく動作するように維持・管理したり，要求に合わせてソフトウェアを変更したりする活動をソフトウェア保守という．また，いったん出荷したソフトウェアへの変更を積極的に受け入れる活動を，ソフトウェア進化という．

　本章では，まずソフトウェア保守の概要を説明し，次にその技法を紹介する．その後，ソフトウェア進化を説明する．

11.1　ソフトウェア保守とは

　ソフトウェア保守とは，コンピュータにインストールされたソフトウェアを維持・管理する作業のことである．システムの運用・管理において，ソフトウェアをつねに正しく稼働させておくこと，さらに，顧客の要求に合わせて適時ソフトウェアを変更することは不可欠であり，ソフトウェアの保守は重要な作業となっている．

11.1.1　ソフトウェア保守の意義

　ハードウェアと異なり，ソフトウェアには経年劣化（摩耗や寿命）がない．つまり，長時間稼働することでプログラムが変化するようなことはなく，インストールされたソフトウェアは，その動作環境（ハードウェア，OS，ネットワークプロトコルなど）や利用環境（利用者や業務規則など）が変わらない限り，同じ動作をし続ける．

　また，ハードウェアでは，開発コストだけでなく，製品を製造（量産）したり，配布（流通）させたりすることに費用がかかるため，重大な欠陥がない限り，出荷あるいは納品された製品を修正しない．これに対して，ソフトウェアでは，製品を製造（配布媒体にコピー）する費用や，（ネットワーク経由で）配布する費用はほとんどかからないので，もとのソフトウェアを修正してしまえば，出荷あるいは納品した製品を修正後の製品に置き換えるという作業にはそれほど費用がかからない．このため，ソフトウェアの修正は，製品の出荷後あるいは納品後において頻繁に行われる．また，

ソフトウェアを新たにゼロから開発するには多くの費用がかかるため，顧客の新たな要求を満たすために，既存のソフトウェアを変更することが頻繁に行われている．

11.1.2 保守作業と保守戦略

ソフトウェア保守の作業は，図 11.1 に示すように，コンピュータへのインストール後に行われる．保守作業は，ソースコードの変更だけをいうのではない．要求仕様書，設計仕様書，ソースコード，テストケースなどの開発工程で作成されたすべての成果物が修正や変更の対象となる．図に示したように，要求変更が発生すると，要求分析以降の作業が再度行われる．同様に，設計改善や誤り修正が発生すると，設計あるいは実装以降の作業が再度行われる．このように，保守作業には，開発のすべての工程に関する知識が必要であり，保守者には高いスキルが要求される．また，保守を開発の最終工程に位置する作業と捉えるのは誤りである．保守は，ソフトウェアサービスの提供において，開発の繰り返しを促進する作業と捉えるのが自然である．

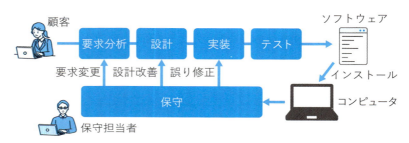

図 11.1　ソフトウェア保守作業

保守における重要な戦略として，現在稼働中のソフトウェアを保守し続けるのか，ソフトウェアを破棄して新たに作り直すのかの選択がある．ソフトウェアのごく一部だけを変更するだけで維持できる場合もあれば，動作環境や利用環境の変化に追従するために大きな変更が必要な場合もある．変更に必要な費用が十分に安ければ，保守によりソフトウェアの寿命を延ばすことに意義がある．

しかし，ソフトウェア変更が新規開発に比べて費用が安く抑えられる保証はない．長年保守され続けたソフトウェアには，変更の繰り返しによる構造劣化が数多く存在し，保守費用が増大する傾向にある．とくに，レガシーソフトウェアでは，膨大な保守費用が深刻な問題となる．レガシーソフトウェアとは，技術の進歩により時代遅れになっているにもかかわらず，業務の中核を担うため単純に破棄できないソフトウェアである．テストされていない（できない），モジュール化が不十分で柔軟性がない，古いライブラリを利用しているなどの特性をもつ．

11.1.3 ソフトウェア保守の分類

ソフトウェア保守は，その作業内容によって，大きく 4 つに分類できる．誤りを訂正するという観点の是正保守と予防保守，ソフトウェアを改良するという観点の適

応保守と完全化保守である．是正保守と適応保守は，誤りの存在や環境の変化の発生に対して反応的（reactive）に実施される保守である．一方，完全化保守と予防保守は，将来の作業を見込んで実施される事前的な（proactive）保守である．それぞれの保守における作業内容は次のとおりである．

(1)是正保守（corrective maintenance）

運用段階で検出された残存誤り（エラー）の修正．本来，開発では十分なテストや検証が行われているため，出荷や納品後のソフトウェアには誤りは含まれないはずである．しかし，10.1 節で述べたように，テストで誤りが存在しないことを示せるわけでなく，検証もごく限られた範囲でしか活用できない．実際，テストを十分に行っていたとしても，出荷や納品後のソフトウェアに誤りが残存し，それが利用者によって発見されることは珍しくない．また，完全に誤りがなくなるまで開発を続ければ，出荷や納品が必要以上に遅れ，業務に支障をきたしたり，利用者に不便を強いたりすることになる．よって，通常，リスク管理のもとで，開発者も利用者も誤りがある程度存在することを想定してソフトウェアを利用している．とはいえ，誤りが発見された場合，できるだけ迅速に対応しなければならない．

(2)適応保守

動作環境や利用環境の変化に追従するための変更．ソフトウェアに経年劣化がなくても，現実には，業務の範囲や動作するハードウェアの変化に追従することが求められる．たとえば，組織規模の拡大やネットワークの広帯域化にともない扱うデータの量が急激に増加した場合，以前のソフトウェアでは，作業領域や番号の桁数が不足するため異常終了したり，極端に速度が低下したりする．また，ハードウェアデバイスの交換，OS の更新や変更によっても以前のソフトウェアが稼働しなくなることがある．さらには，新しい法律の策定や消費税率の改正など社会制度の変更によっても，ソフトウェアの変更要求が発生する．

(3)完全化保守（perfective maintenance）

障害の対策としてソフトウェアに含まれる誤りを除去するのではなく，ソフトウェアのある側面を拡張したり，向上させたりする変更．扱うデータの暗号化，データの検索速度の向上，インタフェースデザインの改善などがある．完全化改善には，単なる機能拡張や機能変更だけでなく，将来の機能追加を容易にするなど，ソフトウェアの管理のしやすさを向上させる作業も含まれる．たとえば，ソフトウェアが理解しやすいように，設計の改善，ソースコードの書き換え，要求とソースコードの対応の明確化などがある．また，ソフトウェア開発方法論やアーキテクチャの進歩にともない，将来の開発が容易に行えることを期待し，開発環境の切り替えなども考えられる．たとえば，ソフトウェアの一部のオブジェクト指向ソフトウェアに切り替え，再利用できる部分をコンポーネント化などがある．

(4)予防保守（preventive maintenance）

障害が起こってから誤りを修正するのではなく，故障を未然に防ぐという観点でソ

フトウェアを調査し，潜在的な誤りを除去しておく作業．たとえば，入力データを網羅的に検査することで，現在の使い方では問題とはならないが，別の使い方では問題となる入力パターンを見つけ，事前に修正しておく．

▌ 11.1.4　保守の実践

開発中でも保守を意識しておくことは重要である．保守作業の成功は，いかにソフトウェアを正確に理解できるか，さらにいえば，ソフトウェアが理解しやすいかにかかっている．理解しやすいソフトウェアを作成するためには，読みやすくソースコードが記述されていること以上に，適切な設計が行われていることが重要である．

適切に分割されたモジュールは，他のモジュールとの独立性が高く，変更の影響範囲を限定しやすい．また，テストのしやすさを考慮したモジュール作りを行うことで，モジュールの修正や改善がしやすくなる．さらには，将来の拡張や変更をある程度予測し，設計に作り込んでおくことも重要である．拡張や変更を作り込むとは，拡張される機能や変更後の機能を実際にソフトウェア内部に作っておくことではなく，ソフトウェア内部に拡張点や変更点をあらかじめ設定しておくことである．たとえば，拡張や変更が予想されるアルゴリズムは，独立してモジュール化し，内部の実装を隠蔽したインタフェースを用意するのがよい．これにより，アルゴリズムの拡張や変更による影響を極力抑えることができる．

保守コストの増加を抑えるという観点からは，**技術的負債**（Technical Debt）を適切に管理することも重要である．技術的負債とは，開発上の問題に対し最善な解決策ではなく，妥協した解決策を選ぶことで後になって生じる追加作業のコストである．たとえば，開発速度を上げるための手抜きや不十分なテストにより残存する不具合などは，将来返済する必要のある負債とみなせる．このような負債を許容することで，早期リリースを達成できるという利点がある反面，負債を返済しなければ利息を支払い続けることになる．残念ながら，技術的負債を完全に排除することは難しい．そのため保守では，技術的負債をつねに可視化し，その返済計画を検討していくことが求められる．

▌ **11.2**　保守技法

ソフトウェア保守とは，現在稼働中のソフトウェアを理解し，改変することである．ここでは，保守工程を支援する技法を紹介する．

▌ 11.2.1　構成管理

ソフトウェア開発は数多くの構成要素やプロセスを含む．そのようなものを一貫して管理することを，**構成管理**という．構成管理における主な活動は，次の4つである．

(1)変更管理　出荷済みのソフトウェアに対する変更依頼を追跡・管理し，変更のコストや影響を算定したうえで，実際に変更を実施する活動．

11.2 保守技法 **135**

(2)**リリース管理** ソフトウェア更新時の機能やタイミングを決定する活動.

(3)**バージョン管理** ソフトウェアを構成するコンポーネントの複数のバージョンを追跡し,それらに対する変更が互いに干渉しないように管理する活動(9.4節を参照).

(4)**システムビルド** コンポーネント,データ,ライブラリなどを集めて,実行可能なシステムに組み立てる活動.

構成管理された情報は,後で検索できるようになっている必要がある.そのために,成果物の作成者や作成日時,成果物に対して行ったテストの実施者や実施日時などが記録される.また,要求仕様書とモジュールとの対応,モジュールとプログラムとの対応,要求仕様とテストケースとの対応など,ソフトウェアの構成要素間に成立する関係も記録される.

■ 11.2.2 影響分析

ソフトウェア保守における変更は,変更箇所以外の多くの部分に影響を及ぼす.この影響範囲(影響を受けるモジュール)を変更前に解析し,保守に必要な資源や工数を見積もる作業を**影響分析**という.一方,変更後に影響範囲を確認する作業を**波及効果解析**という.影響範囲が特定できると,保守において新たな誤りをソフトウェアに混入させる危険性や,内部に発生した矛盾によりソフトウェアが動作しなくなる可能性を減少させることができる.

影響分析を行うためには,開発におけるワークプロダクト間の関係を把握し,それらの相互依存性を管理する必要がある.**ワークプロダクト**とは,任意の開発段階において変更を把握する必要のある成果物である.たとえば,要求仕様書,モジュール構造図,ソースコード,テストケース,マニュアルなど文書化されているものが該当する.ワークプロダクト間の相互依存性を辿ることで,変更の影響範囲を系統的に特定できる.図 11.2 に,ワークプロダクト間の依存関係の例を示す.

図において,**垂直追跡可能性**とは,開発工程内部に存在する依存関係を表す.たとえば,設計 D3 の変更は設計 D5 に影響する,ソースコード S1 の変更はソースコード S2 に影響することがわかる.一方,**水平追跡可能性**とは,開発工程を横切って存在する依存関係を表す.たとえば,設計 D1 はソースコード S1 として実装され,テストケース T1 と T2 により検査されることがわかる.依存関係の到達可能性を追跡することで,特定の変更に関する影響範囲が容易に把握できるようになる.

■ 11.2.3 ソフトウェアの視覚化

ソフトウェアにかかわるさまざまな情報を人間が理解しやすい形式で表現することを,**ソフトウェアの視覚化**(ソフトウェアビジュアライゼーション)という.たとえば,ソースコードに色づけをしたり,ソフトウェアの構成要素間の関係を図的に表現したり,各種ドキュメントの特性(規模や複雑度など)を図で表現したり,過去の変更箇所を色分けして表示したりする技法がある.

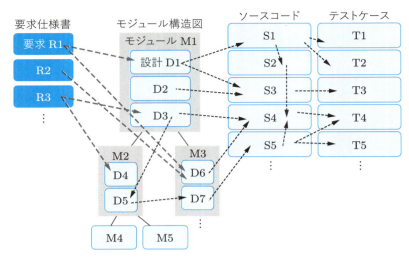

図 11.2　ワークプロダクトにおける依存関係

11.2.4　プログラム解析

実際に稼働している実体はプログラムであるという点から，保守作業においてプログラム理解は欠かせない．とくに，プログラム以外の文書がプログラムに正確に対応していない可能性があるとき，プログラムは保守にとって唯一信用できる成果物である．

稼働中のソフトウェアのプログラムに含まれる情報を抽出する手法を**プログラム解析**という．たとえば変数の宣言・利用や関数の呼び出し元と呼び出し先の関係（クロスリファレンス情報という）が抽出できると，プログラム中の変更に関する影響範囲を特定できる．また，制御フローやデータフローを抽出し，変更箇所からそれらのフローを辿ることで，プログラムの実行結果に関する影響範囲を特定できる．とくに，ソースコード中に存在する制御依存関係とデータ依存関係に基づき，特定の計算に影響を与える範囲を特定する技法を**プログラムスライシング**という．一般に，プログラム中のある変数の値は，プログラム全体からではなく，限定された命令のみから影響を受ける．プログラムスライシングとは，そのような命令の集まり，つまり，ある変数の値に関係する命令だけを，もとのプログラムから抜き出すことである．抜き出したコードの集まりをプログラムスライス（あるいは単にスライス）という．

ソースコード中に一致または類似している断片（コード断片という）が重複して存在するとき，それらを**コードクローン**という．コードクローンは，多くの場合，開発者がソースコードの一部をエディタ上でコピー&ペースト（さらに一部を修正）することによって生じる．また，インターネット検索により見つけたコード断片を，開発者が取り込んだ場合にも発生する．

図 11.3 にコードクローンの例を示す．一般に，コードクローンの存在は，ソフトウェア保守を困難にする．たとえば，図のコード断片 X にバグが含まれていると，コー

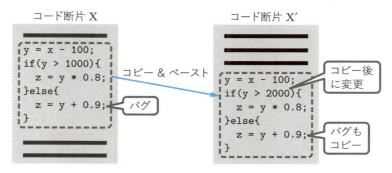

図 11.3　コードクローンの例（一致または類似しているコード断片の対）

ド断片 X′ にもバグが含まれている可能性が高く，これらは同時に修正を検討する必要がある．しかし，このようなコードクローンを開発者がすべて把握することは困難であり，コードクローン X′ に対する修正漏れが発生することがある．ソースコードに存在するコードクローンを発見したり，コードクローンの発生原因を追及したりする活動をコードクローン分析という．

11.2.5　回帰テスト

ソフトウェア保守における変更では，変更した部分が正常に動作するだけでなく，変更されていない部分が元のまま正常に動作することが重要である．以前は動作していた機能が変更や修正後においても正常に動作するかを検査する作業を**回帰テスト**（リグレッションテスト）という．通常，回帰テストでは変更前に適用したテストケースをそのまま利用するため，それらを適切に残しておく必要がある．

保守において新たな誤りを混入させないために，ソフトウェアを少しずつ変更し，そのたびに回帰テストは行うほうがよい．しかし，同じテストを何度も繰り返し実行することは変更作業者にとって大きな負担である．そのため，保守作業ではテストを自動化しておくことが重要である．

11.2.6　リエンジニアリングとリストラクチャリング

保守では，ソフトウェアの仕様書や設計書が利用できない場面や，度重なるソフトウェアの更新によって，それらとソースコードとの整合性が維持できていない場面が頻繁に発生する．このような場面において，既存の実装（ソースコード）から，より抽象度の高い表現（あるいはモデル）が構築できると，ソフトウェア理解がより容易になる．このような作業をリバースエンジニアリングという．とくに，開発ソフトウェアに特化した領域知識や推論規則を用いることで，ソースコードから設計情報を作り出す活動を，設計回復（デザインリカバリ）という．

リエンジニアリングとは，既存のソフトウェアを構成し直すことで，若返らせる作業である．図 11.4 に示すように，リバースエンジニアリングとフォーワードエンジニアリングをあわせたものである．フォーワードエンジニアリングとは，仕様から設

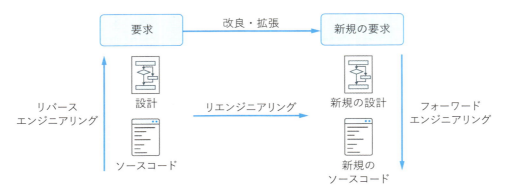

図 11.4 ソフトウェアエンジニアリング

計，設計から実装を作り出すという通常の作業である．リエンジニアリングは，レガシーシステムのモダナイゼーションで活用されることが多い．モダナイゼーションとは，古くなった IT 資産を最新の製品や設計に置き換えることである．たとえば，スタンドアローン型のソフトウェアをクラウド型に作り変えることが該当する．

リエンジニアリングが異なる抽象度を横断するのに対して，**リストラクチャリング**は同じ抽象度におけるソフトウェア情報の変換を対象とする．実装を例にとると，ソースコードにおける複雑な処理の単純な処理への分割，実行されない命令の除去，内部アルゴリズムの取り替えなどがある．重要なのは，リストラクチャリングは，もとのソースコードの外部的振る舞い（外部から見た挙動）を変えないことである．近年，需要が高まっているリファクタリングは，リストラクチャリングの一種である．リファクタリングについては，13.6.1 項で説明する．

11.2.7　ソフトウェアリポジトリマイニング

インターネットの普及にともない，オープンソースソフトウェア（Open Source Software：OSS）を採用したプロジェクトが急速に増加した．このようなプロジェクトでは，ソースコードが公開され，無償で誰でも自由にソフトウェアの改変や再配布ができる．これにより，世界中の開発者が共同で開発するスタイルが定着した．代表的な OSS プロジェクトとして，Linux，Apache，Eclipse，Python などがある．

多くの OSS のプロジェクトでは，開発データはリポジトリに格納されており，インターネットを通して世界中から取得できる．このため，格納された大量の開発データを分析し，開発を支援する知見を発掘する活動が盛んに行われている．この活動を，ソフトウェアリポジトリマイニング（Mining Software Repository：MSR）という．

データの情報元としては，ソースコード，バグ報告，メールや SNS，構成管理情報，編集操作などがある．これらに対して，プログラム解析，メトリクス計測，統計分析，パターン検出，機械学習，自然言語処理などの技術を適用する．MSR による支援対象は，プログラミング，ソフトウェア保守と進化，バグ検出やデバック，テストや品質保証，リリース判断，人員配置など幅広い．

11.3 ソフトウェア進化とは

　ハードウェアの保守は，製品の機能や性能を持続させることを目的としている．一方，ソフトウェアの保守では主に持続だけでなく，機能の拡張，性能の改善，環境への適合などソフトウェアの発展を目的としている．**ソフトウェア進化** (software evolution) とは，一旦出荷されたソフトウェアに対する変更を受け入れる仕組みや活動をいう．

11.3.1　ソフトウェア進化の意義

　そもそも，ハードウェアでは対応しにくい流動的に変化する要求を，柔軟に実現するものがソフトウェアである．このため，出荷や納品後にソフトウェアへの修正・変更を行いたいと考えることは当然である．したがって，ソフトウェアは本質的に変化し続ける性質をもつ．

　1980年代前半まで，ソフトウェア工学はソフトウェアの新規開発に注目しており，保守作業はどちらかというと消極的に行うものとされていた．一方，1980年代後半には，開発全体における保守コストの増大が指摘され始めた．これにより，従来のソフトウェア保守と区別し，積極的に変更を取り入れるソフトウェア進化という考え方が広がっていった．さらに近年では，ソフトウェア保守に対する見方自身が変化し，ソフトウェア保守技術の多くがソフトウェア進化に適用されており，保守と進化の区別はなくなっている．

　通常，生物などの個体に対して，それ自体が変化することを進化とはいわない．進化とは，互いに似ている一群の個体を集めた種（species）に対して，世代を越えて発生する現象である．そのため，単一のソフトウェアが徐々に変化することを進化ということには違和感がある．パーナス（David L. Parnas）は，単一のソフトウェアが利用者の要求や利用環境の変化に追従できなくなることを，ソフトウェアの老化 (aging) といい，ソフトウェア進化とは区別している．その一方，開発においては，ソースコードの一部だけを書き直したり，入れ替えたりすることで，新たなソフトウェアを構築しているとみなされることが多い．事実，開発者にとって単一のソフトウェアを変更しているだけでも，利用者から見た機能や振る舞いが変更される（バージョン番号が更新されたり，商品名が変更されたりする）ことで，世代が代わっているように見える．ソフトウェア進化という用語の意味は統一されておらず，その使い方には注意が必要である．

11.3.2　ソフトウェア進化の法則

　リーマン（Meir M. Lehman）らは，IBM の OS/360 をはじめとするいくつかのプロジェクトに対して，プログラムの変更を観測した結果を，次のように**ソフトウェア進化の法則**としてまとめた．

140 第11章 保守と進化

(1)継続的な変化（Continuing Change） システムは絶えず変化し続ける．さもなければ，次第に満足できないものになる．

(2)複雑さの増大（Increasing Complexity） システムを進化させていくと，その複雑度はどんどん増えていく．進化の作業と同時に複雑度を削減する作業が必要である．

(3)自己調整（Self Regulation） システムの進化には自己制御が働き，その属性（規模や誤り数など）は統計的に一定となる．これにより，プロセスやプロダクトを測定する際の尺度を作ることができる．

(4)組織的安定性の維持（Conservation of Organisational Stability） システムの利用期間全体において，平均的な作業比率は変わらない．生産性が十分に高いプロジェクトに資源を投入しても全体の成果は変わらない．

(5)親しみやすさの維持（Conservation of Familiarity） システムの利用期間全体において，連続するリリースの内容（量）は統計的に一定である．リリース内容の大幅な違いは受け入れられない．

(6)継続的な成長（Continuing Growth） システムに対して利用者の求める機能は絶えず増加する．求める機能をはじめから完全には提供できない．

(7)品質の劣化（Declining Quality） システムに対して，適切に変更を行わないと，その品質は低下する．

(8)フィードバックシステム（Feedback System） システムの進化プロセスはmulti-level, multi-loop, multi-agent フィードバックシステムとして実現される．ソフトウェア進化には，さまざまな（正負の）フィードバックが現れる．

　ここで，リーマンらが対象としているのは，世界の一部として組み込まれ，人間活動や社会活動の一部を機械化するシステム（Eタイプシステムという）である．実世界と強く結びついたシステムの場合，人間の認識する問題を仕様として正確に定義することは難しく，さらには実世界にシステムが導入されることで問題自体が変化することが多い．さらに，実世界は絶えず変化するので，それに合わせるためにEタイプシステムの進化は本質的に避けられない．現在の開発においても進化の法則は多くの場合にあてはまり，ソフトウェア進化が避けられないことを示している．

ポイント

- コンピュータにインストールされたソフトウェアを維持・管理する作業が**ソフトウェア保守**である．
- 保守とは，長期的な開発プロセスにおいて，開発の繰り返しを促進する作業と捉えることができる．また，保守における重要な戦略として，現在稼働中のソフトウェアを保守し続けるのか，あるいは，そのソフトウェアを破棄して新たに作り直すかを決定するプロセスがある．

- ソフトウェア保守作業においてもっとも重要なことは，既存のソフトウェアを理解し，変更することである．そのための技法として，構成管理，影響分析，プログラム解析，回帰テスト，リエンジニアリング，ソフトウェアリポジトリマイニングがある．
- **構成管理**とは，ソフトウェア開発は数多くの構成要素やプロセスを一貫して管理する活動である．
- ソフトウェアは本質的に変化し続ける性質をもつため，保守とは誤りの修正だけでなく，機能の拡張，性能の改善，環境への適合など発展のための作業も含む．このような発展を積極的に取り入れる活動を**ソフトウェア進化**という．

演習問題

11.1　ソフトウェア保守の 4 つの分類について説明せよ．

11.2　ソフトウェア保守作業におけるソフトウェア理解の重要性について説明せよ．

11.3　ソフトウェア保守技法における，影響分析について説明せよ．

11.4　リエンジニアリングとリストラクチャリングの違いを説明せよ．

11.5　ソフトウェア進化の法則を説明せよ．

第12章 再利用

keywords

ライブラリ，フレームワーク，コンポーネント指向開発，モデル駆動開発，プロダクトライン開発，ドメインエンジニアリング，アプリケーションエンジニアリング，フィーチャモデリング，ソフトウェアパターン，パターン指向開発

　過去に開発されたソフトウェア（成果物）の一部や，開発によって得られた経験や知見を，次のソフトウェア開発で積極的に活用する活動のことをソフトウェア再利用という．再利用により，ソフトウェアをゼロから開発するよりも効率的に，新規のソフトウェアを開発できる．

　本章では，ソフトウェア再利用とその技術について説明する．

12.1　ソフトウェア再利用とは

　ソフトウェア再利用においては，再利用の対象を資産（再利用資産）という．さらに，再利用資産を再利用に適した形で汎用化したものを**再利用部品**という．ソースコードだけでなく，要求，仕様，設計図，テストケース，マニュアルなどさまざまな文書が再利用の対象の資産となる．図 12.1 にソフトウェア再利用の概念を示す．

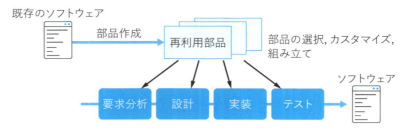

図 12.1　ソフトウェア再利用の概念

　もちろん，ライブラリ内の関数を利用すれば，それは再利用であるし，過去の実績に基づきプロジェクト計画を立てれば，それも再利用である．しかし多くの場合，ソフトウェア再利用とは，無意識あるいは場当たり的に行う個人的作業ではなく，成果物が再利用されることを明確に意識して，組織的あるいは系統的に取り組む作業である．

12.2 ソフトウェア再利用の効果

資産が少なかった時代は，ソフトウェアをゼロから作成するしかなかった．しかし，現在では，数多くの資産が蓄積されている．また，ソフトウェアの規模はますます大きくなってきている．このような状況において，過去の資産をまったく利用せずに，ソフトウェアをゼロから開発するという考え方は非現実的である．過去の資産をいかに有効に活用するのかがソフトウェア開発を成功させる鍵である．

図 12.2 にソフトウェア再利用による効果を示す．ここでは，説明のため，ソフトウェアが 10 個のモジュールで構成されていると仮定する．また，毎回開発するソフトウェアの規模や複雑度は同じとする．

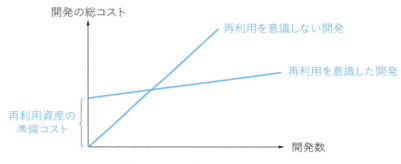

図 12.2 ソフトウェア再利用の効果

再利用を意識しない開発では，毎回 10 個のモジュールを新規に開発することになる．これに対して，再利用を意識した開発では，再利用資産として利用可能なモジュールを新規に開発する必要がない．たとえば，5 個のモジュールが再利用できるとすると，1 回の開発に費やす開発コストは 10 個のモジュールを新規に開発する場合の半分でよい．このように，再利用を開発に導入することで 1 回の開発に費やすコストは少なくなる．これは，図の「再利用を意識した開発」の直線の傾きが「再利用を意識しない開発」の直線の傾きより小さくなることを指している．ただし，再利用を意識した開発では，開発の最初に再利用資産を準備するためのコストが発生する．このため，開発数が少ない場合には，再利用の効果が得られない．

適切な再利用部品が検索でき，検索により得られた部品が簡単に組み立てられれば，新規に開発する作業の一部が取り除かれる．その結果，ソフトウェア開発の生産性を飛躍的に高めることができる．また，用意された再利用部品に十分な信頼性があれば，その部品を再利用するだけで同程度の信頼性が得られる．つまり，信頼性の高いソフトウェアが容易に構築できる可能性がある．

12.3 ソフトウェア再利用の技法

ソフトウェア再利用は古くから行われているものの，効果的な場面は限られている．しかし，再利用技法は着実に進歩しており，現在のソフトウェア開発方法論に多大な影響を与えている．ここでは，現在成功している再利用技法をいくつか紹介する．

12.3.1 ライブラリ

プログラムを作成する際に頻繁に利用される関数などを集めたものをプログラムライブラリという．たとえば，文字や図形を画面に出力する関数，キーボードやマウスからの入力を処理する関数，数値演算のための関数などのプログラムライブラリが提供されている．図 12.3(a)に示すように，プログラムライブラリは，開発者が作成するプログラムから呼び出して利用する．

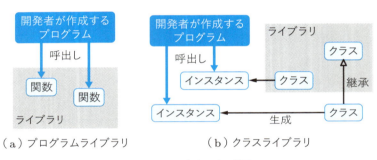

(a) プログラムライブラリ　　(b) クラスライブラリ

図 12.3　ライブラリの利用

オブジェクト指向では，**クラス**が再利用部品の候補である．クラスは，データとその操作をカプセル化したもので，モジュールという観点で見ると非常に独立性が高い．よって，単独で再利用しやすく，また実装が隠蔽されているため，インタフェースさえ合えば別のクラスへの置換も容易である．また，クラスは継承により，すでに定義されているデータ構造やデータ操作を再利用しながら，必要な部分だけを拡張したり変更したりすることができる．

クラスを単位としたライブラリを**クラスライブラリ**という．図(b)に示すように，クラスライブラリにおける再利用では，クラスから生成したインスタンスを呼び出したり，ライブラリ内のクラスを拡張したクラスのインスタンスを呼び出したりする．

頻繁に利用される関数やクラスを開発ごとに作成することはきわめて非効率であるため，プログラムを作成する際にプログラムライブラリやクラスライブラリは不可欠である．また，それらはプログラミング言語に強く結びついている．このため，特定の分野において豊富な関数を提供しているかどうかが，開発においてプログラミング言語を選択する際の基準になることもある．

ライブラリのように，再利用資産を変更なしでそのまま利用することを，**ブラック**

ボックス再利用という．変更の必要がないため，再利用が成功した場合に，開発コストの削減に大きく貢献する．一方で，資産が再利用可能か否かの二者択一になり，再利用の機会は少ない傾向にある．

12.3.2 アプリケーションフレームワーク

オブジェクト指向におけるクラスは，再利用部品という観点ではその粒度が小さすぎ，再利用の効果が非常に限定的である．これに対し，より大きな粒度での再利用部品として，アプリケーションフレームワークがある．構成要素がクラスの場合，**オブジェクト指向フレームワーク**ともいう．これは，再利用されるクラスとそのインスタンス間の相互作用を内包する設計を記述したものである．クラスを単体だけではなく，クラスの利用方法まで再利用できるのが特徴である．

図 12.4 に，オブジェクト指向フレームワークの利用形態を示す．オブジェクト指向フレームワークでは，通常，クラス（インスタンス）がどのような条件においてどのような順序で呼び出されるかというアルゴリズムは，**フローズンスポット**（固定部分）に記述する．これは，特定のアプリケーションに対して標準的な部分である．フレームワーク利用者は，**ホットスポット**（可変部分）というカスタマイズ（拡張や変更）が許される部分に対して，自分で作成したクラスやその一部を埋め込むことができ，アプリケーションの動作を要求に合わせて柔軟に変更できる．つまり，利用者はある条件下で呼び出されるプログラムだけを作成すればよい．

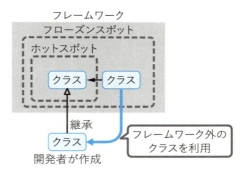

図 12.4 オブジェクト指向フレームワークの利用形態

たとえば，GUI アプリケーションの開発では，マウスクリックの検出やメニューの選択などに関する標準的に要求される機能はすべてフレームワークに記述されている．フレームワークでは，マウスがクリックされた際に実行したいプログラムや，メニューが選択された際に実行したい処理だけをクラスとして作成し，フレームワークにはめ込むだけでよい．実際に，マウスがクリックされたりメニューが選択されたりした際に，利用者が作成したクラスを呼び出す動作は，フレームワークにより実行される．

アプリケーションフレームワークのように，再利用資産の一部を要求に合わせて部

分的に変更して利用することを**ホワイトボックス再利用**という．変更を前提としているため再利用できる機会は多い．一方で，再利用資産を理解・変更するための労力が，新規に作成する労力よりも小さくなければ再利用の効果が得られない．

12.3.3 コンポーネント指向ソフトウェア開発

従来のソフトウェア開発は，再利用をソフトウェア開発活動の中心と考えていない．つまり，設計者あるいは開発者は再利用というものを独自に扱っている．分析や初期の設計において再利用が意識されていないと，詳細設計や実装において再利用の恩恵を受けることは難しい．

このような欠点を克服するための開発方法論として，**コンポーネント指向開発**（component-based development：CBD）がある．これは，ソフトウェアを機能単位でコンポーネントとして分解し，それらを組み合わせることでソフトウェアを構築する枠組みである．**コンポーネント**とは，以下に示す性質をもつ再利用部品である．

- インタフェースにより明確に定義されたサービスを提供あるいは要求し，実装詳細が隠蔽されている．
- 標準化された特定のコンポーネントアーキテクチャ上で動作する．コンポーネントアーキテクチャとは，コンポーネントの配置やコンポーネント間の通信手段を提供する枠組みである．代表的なものに，EJB や .NET などがある．

ただし，これらはコンポーネントの定義に関する一例であり，背景となる開発技術や開発方法論によりその定義が異なるのが現状である．よって，コンポーネントが，これらの定義を必ずしもすべて満たす必要はない．図 12.5 に，コンポーネントとコンポーネントアーキテクチャの関係を示す．グルーコードとは，コンポーネントどうしを接続するためだけに存在する糊付けコードである．近年は，GUI による視覚的な操作により，グルーコードをまったく，あるいはできるだけ書かずにコンポーネントを組み合わせてソフトウェアを作成する手法である．ノーコード（No-Code）開発やローコード（Low-Code）開発が登場している．

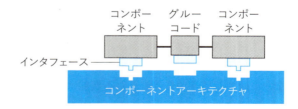

図 12.5　ソフトウェアコンポーネントとコンポーネントアーキテクチャ

コンポーネント指向ソフトウェア開発における注意点として，コンポーネントの作成は将来のソフトウェア開発に対する投資であることを十分理解しておく必要がある．再利用しやすいコンポーネントを設計することは一般に難しく，そのようなコンポーネントを構築するためには多くの時間がかかる．たとえ多くの時間をかけて構築

したコンポーネントでも，それが再利用されなければソフトウェア開発における恩恵は受けられない．

12.3.4 モデル駆動開発

プログラムのソースコードは，プログラミング言語，開発環境，実行環境により異なる．そのため，再利用対象としてソースコードを扱っている限り，その適用機会は限定される．そこで，ソフトウェアが実現する機能を抽象度の高いモデルで表現し，それを変換することで最終的にソースコードを手に入れる**モデル駆動開発**（Model-Driven Development：MDD）が考案された．ソースコードというプロダクトを再利用するのではなく，モデル変換のしくみ（モデル変換器）を再利用することが特徴である．図 12.6 に，従来の開発プロセスとモデル駆動開発の違いを示す．

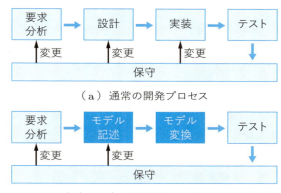

(a) 通常の開発プロセス

(b) モデル駆動開発のプロセス

図 12.6 従来の開発プロセスとモデル駆動開発の違い

モデル駆動開発を採用することで，開発における実装工程を自動化できるので，生産性の向上が期待できる．また，ソフトウェアに対する修正は抽象度の高いモデルに対して実施すればよく，ソースコードを書き換える必要がなく，保守が容易になる．とくに，複数のプラットフォーム（OS や実行環境）で稼働するソフトウェアを開発するとき，個々のプラットフォームに対応するモデル変換を用意しておくことで，1 つのモデルから複数のソースコードを容易に生成できる．この場合，それぞれのプラットフォームごとに，ソースコードを保守する手間を大きく削減できる．さらに，保守において，ソースコードへの修正が要求モデルや設計モデルに反映されにくいという問題も解決できる．

モデル駆動開発に基づく開発方法論にモデル駆動アーキテクチャ（Model-Driven Architecture：MDA）がある．MDA では，次に示す 3 つのモデルを扱う．
- 特定の計算機技術（プログラミング技術やネットワーク技術など）に依存しない計算独立モデル（Computation-Independent Model：CIM）
- 特定のプラットフォームに依存しないモデル（Platform-Independent Model：

PIM）
- 特定のプラットフォームに依存するモデル（Platform-Specific Model：PSM）

たとえば，図 12.7 に示すように，3 つの OS に特化したモデル変換を適用することで，1 つの PIM から個々の PSM を生成できる．ただし，どのような PIM からでも PSM を生成できる汎用的なモデル変換器を用意することは難しい．そこで，モデル駆動開発では，実現するソフトウェアが対象とする領域（ドメイン）を限定している．

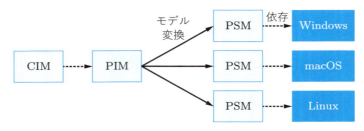

図 12.7　モデル駆動アーキテクチャ

モデルの記述には，6.3.2 項で紹介した UML が利用されることが多い．一方で，UML では，それぞれの記述に対する解釈は柔軟である．たとえば，クラス図で記述された集約関係の実現方法や，シーケンス図で記述されたオブジェクト間のメッセージの受け渡しの実現方法は，OS やプログラミング言語により自由に決めてよい．このため，モデル駆動開発で UML を利用する際には，UML のステレオタイプを用いて，UML 自体をカスタマイズするのが一般的である．対象ドメインごとに用意されたステレオタイプは，プロファイルという形で提供される．

12.4　プロダクトライン開発

通常，工業製品としてのソフトウェアを提供する際には，類似したソフトウェアを，同時に，あるいは続けて開発することが多い．たとえば，Windows11 の Home と Pro のように，同じプロダクトであっても機能の一部を限定することでグレードを変えて提供したり，Windows 版の Web ブラウザと macOS 版の Web ブラウザのように，同じプロダクトを異なるプラットフォームで稼働するようにしたりする．

このような場面で生産性を向上させるためには，各製品で共通な部分を特定し，その共通部分を最大限に再利用するのがよい．**ソフトウェアプロダクトライン**（Software Product Line：SPL）とは，共通の特性をもち，特定の市場やミッションのために，共通の再利用資産から，規定された方法で作られるソフトウェアの集合をいう．プロダクトライン開発では，共通部分を実現したプロダクトに対して，各プロダクトに個別な機能を付与することで，最終的なプロダクトを導出する．再利用可能な成果物のことを **SPL 資産**（あるいはコア資産）という．SPL 資産は，複数のプロダクト系列

に対して適用可能なように，あらかじめ共通部分と可変部分を織り込んで構築される．

図 12.8 にプロダクトライン開発の流れを示す．この活動は大きく，次の 2 つに分けられる．

(1) **ドメインエンジニアリング** SPL 資産の開発を行う活動．SPL アーキテクトは，（個々のプロダクトではない）プロダクトラインに対する SPL についての要求を獲得し，プロダクトラインアーキテクチャを決定し，コンポーネントを実現する．このとき，SPL 資産から導出するプロダクトと導出しないプロダクトの境界を明確にするスコーピングが重要である．ここで作成された可変モデルと SPL 資産を，次のアプリケーションエンジニアリングで再利用する．

(2) **アプリケーションエンジニアリング** SPL 資産を利用してプロダクトの開発を行う活動．プロダクトエンジニアは，プロダクトの要求を満たすように設定された構成定義に基づき，SPL 資産からプロダクトを導出し，各プロダクトで必要となる機能や特性を実現する．

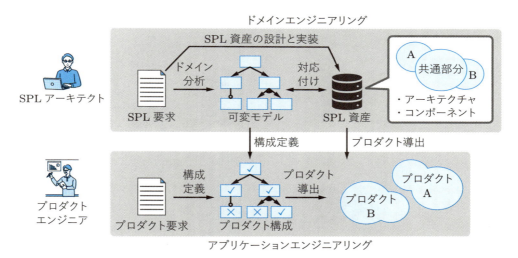

図 12.8　プロダクトライン開発

12.4.1　フィーチャモデリング

ドメインエンジニアリングにおいて，導出される可能性のあるプロダクト系列において，個々のプロダクトごとに変わりうる部分は，可変モデルとして実装される．可変モデルにおいて，すべてのプロダクト系列に共通な部分と，特定のプロダクト系列に固有な可変部分との分岐点を可変ポイント，可変ポイントに対する選択肢をバリアントという．共通性や可変性を分析・定義するための代表的な手法に，**フィーチャモデリング**がある．フィーチャとは，プロダクトが提供するサービス，操作性，性能など，そのプロダクトに関する代表的かつ観測可能な特性のことである．フィーチャモデルとは，フィーチャモデリングによって構築された可変モデルである．

アプリケーションエンジニアリングにおいて，可変モデルとしてフィーチャモデル

を採用し，フィーチャとSPL資産やバリアントとの対応がとれている場合には，適切なフィーチャを選択するだけで，プロダクトが実装できる．プロダクト要求に対してフィーチャの選択だけで対処できない場合は，プロダクトに特化した実装を追加することになる．

図12.9にフィーチャモデルとSPL資産の例を示す．フィーチャモデルは，木構造で表現されることが多い．この例において，すべてのプロダクト（ブログ）は必ずデータの種類をもち，その種類としてテキストデータを扱うことが必須である．画像データは扱っても扱わなくともよい．検索機能をもつかどうかは各プロダクトに依存し（検索機能をもたないプロダクトが存在することもあり），それは全文探索か索引検索のどちらか，あるいは両方である．図では，単純に1つのフィーチャが1つの再利用可能コンポーネントに対応している．しかし，実際のフィーチャモデルではさまざまなSPL資産（要求仕様，実装コード，テストケース，アーキテクチャ，ドキュメント）と，それらを組み合わせたものがフィーチャに対応する場合があることに注意する必要がある．

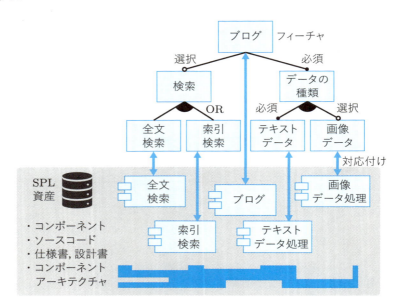

図 12.9　フィーチャモデルと8PL資産の例

再利用可能コンポーネントの実現方法には，合成的アプローチと注釈的アプローチがある．合成的アプローチでは，それぞれのフィーチャを独立したモジュールで実装し，それらを合成することで，実際のプロダクトを生成する．この場合，図における1つの再利用可能コンポーネントは1つのモジュール（たとえば，クラスの集まりやパッケージ）に対応する．一方，注釈的アプローチでは，それぞれのフィーチャを注釈付きソースコードの断片の集まりで実装し，必要なコードだけを抽出することで，実際のプロダクトを生成する．この場合，1つの再利用可能コンポーネントは複数の

モジュール内に存在するコード断片（たとえば，C言語における♯ifdef と ♯endif で囲まれたコード断片）を集めたものとなる．

12.4.2 プロダクトの導出

フィーチャの選択とプロダクトの導出の例を図 12.10 に示す．この例では，プロダクト A は 3 つのフィーチャ（ブログ，テキストデータ，画像データ），プロダクト E は 5 つのフィーチャ（ブログ，テキストデータ，画像データ，全文検索，音声データ）で構成されている．図は，プロダクト E を導出する様子を示している．まず，プロダクト E に含まれるフィーチャを選択することで，SPL 資産からコンポーネントを導出する．「ブログ」および「テキストデータ処理」は，すべてのプロダクトに共通する共通資産から導出されたコンポーネントである．「全文検索」および「画像データ処理」は，選択されたバリアントに対応する可変資産から導出されたコンポーネントである．この例において，音声データに対応するコンポーネントは，SPL 資産に含まれていない．このコンポーネントについては，プロダクト固有資産として新規に開発することになる．これら 5 つのコンポーネントを，プロダクトラインアーキテクチャの上で結合することで，プロダクト E が完成する．

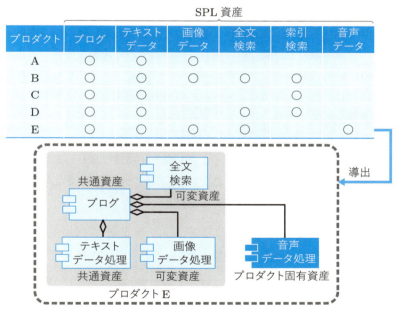

図 12.10　フィーチャの選択とプロダクトの導出の例

12.4.3　プロダクトライン開発の利点

プロダクトライン開発では，プロダクト単体ではなく，プロダクト集合に対する再利用を強く推し進める．これにより，以下に示す利点を目指している．

(1) 開発コストの削減　プロダクトを個別開発する場合，プロダクトを開発するご

とに開発コストが発生する．一方，プロダクトライン開発では，SPL 資産を整備することにより，プロダクト集合全体で開発コストを低く抑えることができる．ただし，SPL 資産を最初に開発するためのコストが必要になる．

(2) **出荷までの時間の短縮**　再利用なしでプロダクトを毎回開発するやり方では，各プロダクトに費やす開発時間はほぼ同じなので，開発するプロダクト数が増える分だけ開発時間は延びる．一方，プロダクトライン開発では，SPL 資産として共通部品を整備する期間が最初に必要であるが，それを乗り越えた後では，共通部品を開発しなくてよいので，各プロダクトを開発する時間は短縮できる．このため，プロダクトの出荷までの時間は短くなる．

(3) **品質の向上**　プロダクトラインにおいて作成される成果物に対するレビューやテストは，単一のプロダクトではなく複数のプロダクトにおいて実施される．このため，不具合が発見されたり，それが修正される機会が増加したりする．結果的に，SPL で開発されたプロダクト全体の品質は向上する．

12.5　ソフトウェアパターン

ソフトウェアパターン（または，単にパターン）とは，開発において蓄積された経験や知見を再利用できる形に表現したものである．別の言い方をすると，開発の特定の領域において，繰り返し現れる問題とその解決策を体系的にまとめたものである．

フレームワークやコンポーネントのように，具象化された実体を直接再利用する方法では，要求や環境に応じて実体の変更が必須となる．実際には，このような変更は複雑な作業であり，この作業が再利用の効果を低下させる．つまり，再利用の促進を妨げている．パターンは，ソースコードや設計書といった実体の再利用にこだわらず，ソフトウェア開発における考え方，概念，指針，定石のような知見や経験を再利用することを目指している．それぞれのパターンの背景や考え方を習得してしまえば，さまざまな場面で活用できる可能性は高い．

12.5.1　パターンの適用

ソフトウェアパターンの概念を図 12.11 に示す．パターンごとに，適用可能な状況

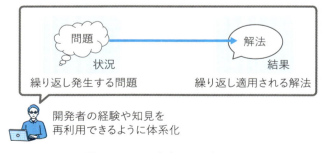

図 12.11　ソフトウェアパターン

や問題，その解決手段や得られる結果が記述されている．このような観点で，開発の各局面で頻繁に現れる構造や原則，熟練開発者たちの過去の成功例もパターンとして捉えることができる．ただし，このパターンは，特定の状況で発生した個々の問題に対する解法を単に集めたものではなく，状況の共通点に基づき抽象化した問題とその解法および結果を組にしたものである．また，これらは再利用可能な経験や知識であるが，そのままの形で再利用するものではないことに注意する必要がある．

　開発者は，現在直面している状況や問題に合致するパターンを，既存のパターン集（パターンカタログやリポジトリ）から，フォース（force）に着目して選択する．フォースとは，パターンを適用する際に考慮すべき要件，制約，特性（利益や不利益）である．また，パターン選択においては，パターンの構造や振る舞いといった機能的特性だけでなく，性能，信頼性，保守性などの非機能的特性を考慮することも重要である．

　実際の既発ソフトウェア，開発プロセス，開発組織にパターンを適用する際には，具体的状況や問題に応じて，選択したパターンに修正や拡張を行い具体化する必要がある．つまり，パターンはそのまま組み込む部品ではないことを，開発者はつねに意識しなければならない．パターンの目的は，問題から解決に到達するプロセスを再利用することであり，適用の際にはつねにバリエーションを検討することになる．状況や問題に応じて適切なパターンを選択・適用しない限り，品質の高いソフトウェアを得ることはできない．したがって，パターンの選択や適用においては，フォースや結果を十分に検討し，ソフトウェア全体に与える影響を十分に把握すること，また，ときにはパターンの適用を避けることも重要である．

12.5.2　パターン指向開発

　さまざまな開発工程においてパターンの蓄積と利用を積極的に導入して，ソフトウェアを構築する枠組みをパターン指向開発という．パターン指向開発において，再利用の対象は開発のさまざまな工程にみられ，それらは以下のように体系化されている．

(1) ビジネスパターン　ビジネス領域で必要となる典型的なデータや概念，ビジネスに登場する典型的な人物，もの，活動を表現したもの．

(2) アナリシスパターン　典型的な分析モデルの集まり．このパターンは，一般的に，同一業務における異なる複数のユースケースに対応して記述される．

(3) アーキテクチャパターン　システム全体の構造や振る舞いに関する良い設計やソフトウェアシステムの基礎的かつ典型的な構造．これは，第7章で説明したソフトウェアアーキテクチャの具体的なひな型であるとみなせる．

(4) デザインパターン　システムの構成要素の構造や振る舞いに関する良い設計の集まり．システムの構造や振る舞いだけでなく，設計の意図や設計プロセスを明確にし，分析モデルと実装とのギャップを埋める役割を果たす．特定のプログラミング言語に依存しない抽象的な表現で記述される．

154　第 12 章　再利用

(5) **コーディングパターン**　よく知られたアルゴリズム，コーディング規約，命名規則，またはイディオム．イディオムとは，特定のプログラミング言語でよく用いられる実装方法やアルゴリズムである．

(6) **テストパターン**　テスト方法やテスト計画の優れた指針．

(7) **保守パターン**　ソフトウェアプロダクトの改訂に関する優れた指針や変更方法．

(8) **プロセスパターン**　ソフトウェア開発における人員，プロジェクト，プロダクトを管理する優れた指針．組織構造を最適化する指針や生産性の高い開発プロセスに共通する優れた手順なども含む．

これら以外にも，ソフトウェア開発における成功例だけでなく，過去の失敗から学んだ教訓などはアンチパターンとして体系化されている．これは，解決の悪い見本やパターンの誤った適用など，「すべきでないこと」の集まりである．

12.5.3　パターンの利点

パターンを積極的に活用してソフトウェアを構築することで，以下に示すような利点が得られる．

- 既知の知識を活用することで，開発コストの削減や開発期間の短縮ができる．また，開発ソフトウェアの理解がしやすくなる．
- 熟練開発者の経験（成功例や失敗例）や効果が明確な定石を再利用できるため，ソフトウェアの信頼性が向上する．
- 共通のボキャブラリー（用語）を提供するため，開発者コミュニティ内における知識の共有が促進される．また，人材育成という観点から，パターンの発見，記述，利用を繰り返し実践することで，開発者の能力の向上が期待できる．

パターンは覚えるだけでは不十分であり，使いこなすにはある程度の開発スキルが必要である．とくに，パターンを学習し始めたばかりの初心者の多くは，パターンに過度に期待し，あらゆる場面でパターンを適用しようとする傾向にある．残念ながら，あらゆる場面に適用できるパターンは存在しない．さらに，それぞれのパターンには利点と欠点があり，パターンの適用がつねに良いソフトウェアを作り出すわけではない．これらのことを強く意識しておくことが重要である．

パターンの適用に慣れてきた後，次の段階として，自分自身あるいは自分の開発チームでパターンを抽出することを目指すのがよい．その際，開発中に再利用できそうな知識が見つかったとして，本当にパターン化しておく価値があるかどうかを慎重に吟味する必要がある．とくに，パターンでは，それを適用する状況が明確になっていることが重要である．これらの点を曖昧にしたままで問題とその解法を記述しただけでは，今後の開発においてそのパターンを適切に再利用することはできない．

ポイント

- **再利用**とは，開発されたソフトウェアの一部や開発によって得られた経験や知見

を，次のソフトウェア開発で活用することである.

- オブジェクト指向では，クラスやフレームワークが主な再利用部品である.
- 再利用可能コンポーネントを開発の中心におき，そのインタフェースとアーキテクチャを重視した方法に，コンポーネント指向開発がある.
- **モデル駆動開発**とは，ソフトウェアが実現する機能を抽象度の高いモデルで表現し，それを変換することで最終的にソースコードを手に入れるという考え方である.
- **プロダクトライン開発**では，共通部分を実現したプロダクトに対して，各プロダクトに個別な特徴を付与することで，最終的なプロダクトを導出する.
- プロダクトライン開発の活動は大きく，SPL資産の開発を行う**ドメインエンジニアリング**と，SPL資産を利用してプロダクトの開発を行う**アプリケーションエンジニアリング**に分けられる.
- 具体化された実体を直接再利用するのではなく，ソフトウェア開発において蓄積された経験や知見の再利用を目指したものに**ソフトウェアパターン**がある. これは，ソフトウェア開発の特定の領域において，繰り返し現れる問題とその解決策を体系的にまとめたものである.
- さまざまな開発工程においてパターンの蓄積と利用を積極的に導入して，ソフトウェアを開発する枠組みをパターン指向開発という.

演習問題

12.1 ソフトウェア再利用の意義を説明せよ.

12.2 コンポーネント指向ソフトウェア開発の利点を説明せよ.

12.3 モデル駆動開発の特徴を説明せよ.

12.4 プロダクトライン開発におけるドメインエンジニアリング活動とアプリケーションエンジニアリング活動を説明せよ.

12.5 ソフトウェアパターンの活用の際の注意点を説明せよ.

第13章

アジャイル開発

keywords

アジャイルプロセス，アジャイルソフトウェア開発宣言，スプリント，バックログ，リファクタリング，テスト駆動開発，DevOps，デプロイメントパイプライン，継続的インテグレーション，ドメイン駆動開発

　社会の変化に迅速に対応しつつ，価値の高いソフトウェアを提供しつづけるには，それに応じた開発手法が必要である．このような需要に対して，ビジネスと開発の距離を近づけることを強く意識したソフトウェア開発方法がアジャイル開発である．

　本章では，まずアジャイル開発における基本的な概念を説明し，開発手法としてスクラムを解説する．さらに，アジャイル開発を支える4つの技法を紹介する．

13.1　アジャイル開発の必要性

　ソフトウェアによるサービスを提供するサブスクリプションビジネスを成功させるためには，利用者の要望をいち早く把握し，その変化に合わせて機能追加や機能更新を継続的に行う仕組みをソフトウェア開発に取り入れることが必須である．また，開発途中において，利用するプログラミング言語，OS，ライブラリ，プログラミング環境が変化する可能性は高い．このような場面では，サービスのリリース期限に合わせて，提供する機能を削減したり，提供する機能の優先順位を変更したりできるアジャイル開発が適している．**アジャイル**とは，「素早くかつ容易に動くことができる」という意味である．

　図 13.1 に，計画ベース開発とアジャイル開発の違いを示す．図(a)の計画ベース開発では，要求仕様を介して，要求獲得・要件定義工程と設計・実装工程が完全に分離している．このような開発では，開発途中での要求仕様変更は認められず，顧客の要望や環境の変化に追従することは難しい．また，工程間をつなぐ要求仕様の文書が重厚化する傾向にあり，それを書いたり読んだりする手間が大きくなる．さらに，開発が終わるまで，顧客は依頼したソフトウェアを見ることができない．

　一方，図(b)のアジャイル開発では，開発リスクの軽減のために手戻りを許容し，要求獲得・要件定義工程と設計・実装工程を何度も繰り返す．顧客を巻き込んだフィードバックループを採用しているのが特徴である．部分的にでも動くソフトウェアをできるだけ早い段階から短い間隔で顧客に見せることで，顧客の満足度を高めることができる．部分的に動くソフトウェアは，顧客の要求を満たす実行可能な最小限

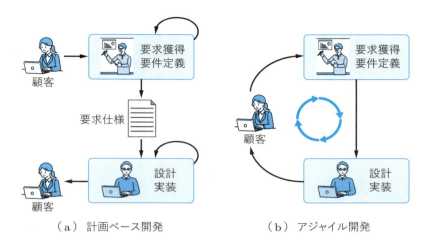

（a）計画ベース開発　　　　（b）アジャイル開発

図 13.1　計画ベース開発とアジャイル開発の違い

のプロダクト（Minimum Viable Product：MVP）とよばれることがある．このようなソフトウェアを提供し続けるためには，ソフトウェアの理解性やテストの容易性の観点から，変更の範囲を小さく抑えるようなモジュール化が重要である．

13.2　アジャイルソフトウェア開発宣言

　アジャイル開発という用語が広まったのは，2001 年に**アジャイルソフトウェア開発宣言**（Manifest for Agile Software Development）が発表されたことによる影響が大きい．ここでは，以下のような価値観を示している．

- プロセスやツールよりも個人と対話を．
- 包括的な文書よりも動くソフトウェアを．
- 契約交渉よりも顧客との協調を．
- 計画に従うことよりも変化に対応することを，より重視する．

　この宣言は，ソフトウェア開発における開発者間ならびに開発者と顧客のコミュニケーションの重要性を強調している．さらに，個々の開発者が能力を発揮しやすい環境を提供することで開発者の満足度を高め，その結果として顧客の満足度もより高め，新しい価値を見いだすことを目指している．ここで，アジャイルソフトウェア開発宣言は，「左側の内容」よりも「右側の内容」を重視するという形でまとめられているが，左側の内容が不要であると述べているのではない．左側の内容の重要性を認めつつも，右側の内容をより重視すべきであるという価値観を提示している．

　アジャイル開発の根幹をなす考え方を示すアジャイルソフトウェア開発宣言に対し，この宣言のマインドセット（心構えや価値観）を実現するための行動指針として，アジャイル宣言の背後にある 12 の原則も公開されている．たとえば，「顧客満足を最優先し，価値のあるソフトウェアを早く継続的に提供する」「要求の変更はたとえ

開発の後期であっても歓迎する．変化を味方につけることによって，顧客の競争力を引き上げる」などがある．

アジャイルソフトウェア開発宣言やその背後にある原則は，ソフトウェア開発技術や技法ではない．したがって，ソフトウェア開発における有効な手段を直接与えてくれるわけでない．一方で，アジャイル開発を進めていくうえで，ソフトウェア開発にかかわるすべての人が，このような考え方をつねに意識し共有することが，顧客の求めるソフトウェアを提供することにつながる．

13.3 PDCA と OODA

アジャイル開発の考え方をより深く知るために，デミング（William E. Deming）が提唱した **PDCA** サイクルと，ボイド（John Boyd）が提唱した **OODA**（ウーダ）サイクルを紹介する．図 13.2 に，PDCA サイクルと OODA サイクルの概要を示す．

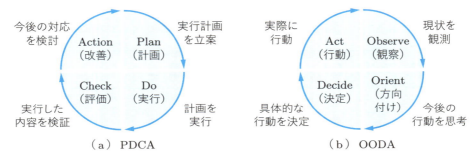

図 13.2　PDCA サイクルと OODA サイクル

図(a)の PDCA サイクルでは，達成したい目標（期待する結果）に対して，まず，誰がいつ何を実行するのかといった実行計画を立案する．次に，計画を実行し，その結果が目標を達成しているかどうかを検証する．検証結果に基づき，課題や改善点を検討し，次の目標と実行計画を立てる．このように，4 つの作業を繰り返す．

1 サイクルごとに計画を見直す機会が用意されているため，ソフトウェア開発における不確実性に対応することができる．その一方で，PDCA サイクルでは，最初に達成したい目標が存在することが前提となっている．残念ながら，ソフトウェア開発において，開発の当初から顧客の要望が決まっているという状況は少なく，PDCA サイクルに基づく開発プロセスで顧客の要望に応えることは難しい．

PDCA サイクルが計画立案から始まるトップダウンの取り組みであるのに対して，図(b)の OODA サイクルは観測から始まるボトムアップの取り組みである．OODA サイクルでは，目標を設定しないことが特徴である．まず，現状を観測することでデータを集める．次に，収集したデータを分析することで，今後の行動の方向付けを行う．その後，具体的な行動計画を決定し，実際に行動を行う．通常，行動した結果により

現状が変化するため，再度現状を観測することで，4つの作業を繰り返す．OODA
サイクルを開発プロセスに取り入れることで，いったん現状に合わせたソフトウェア
をリリースし，その結果として発生する顧客の要望の変化に対応するという流れが実
現できる．

　なお，アジャイル開発は，顧客の要望や環境の変化に迅速に対応することを目的と
しているからといって，外的要因に最初に着目する OODA サイクルをつねに採用す
ればよいと考えるのは早計である．アジャイル開発は，基本的に，OODA サイクル
に PDCA サイクルを組み合わせた形態をとる．図 13.1 のような顧客を巻き込んだ
フィードバックループは，OODA サイクルである．どのような開発するのかの決定
は，顧客のビスネスや社会の情勢を観測することを起点とすべきであり，実際にソフ
トウェアをリリースすることが次の観測につながる．その一方で，実際にソフトウェ
アを構築する設計・実装工程（OODA の A に該当する）では，PDCA サイクルを
遂行する．

13.4　アジャイル開発方法論

　ここでは，代表的なアジャイル開発方法論として，**エクストリームプログラミング**
（eXtreme Programming：XP）と**スクラム**（Scrum）を紹介する．これら2つの方
法論の他にも，短期的な反復に基づくモデル駆動開発である FDD（Feature-Driven
Development），プロジェクトの規模や社会に及ぼす影響に応じて開発プロセスを使
い分けるべきであるという主張に基づくクリスタル，ジャストインタイムを強く意識
してムダを最小化することを目指したリーンソフトウェア開発などがある．また，大
規模なアジャイル開発を目的とする方法論である SAFe（Scaled Agile Framework）
や LeSS（Large-Scale Scrum）が提唱されている．

(1)スクラム

　サザーランド（Jeff Sutherland）らが提唱した，近年人気のアジャイル開発方法
論である．この名称は，スポーツのラグビーにおいて，チームで一丸となって勝利を
目指す姿勢をソフトウェア開発にも取り入れるべきであるという思想に基づいてい
る．ソフトウェア開発における個々のステークホルダーが，それぞれの役割を果たす
と同時に，常にチーム全体での成功を意識することが求められる．スクラムについて
は，13.5 節で詳しく説明する．

(2)エクストリームプログラミング（XP）

　ベック（Kent Beck）が中心になって提唱したアジャル開発方法論である．XP では，
「要求は頻繁に変わる」「顧客は動くシステムをできるだけ早く欲しがる」などという
ことを前提にしたうえで，短期間（イテレーションとよぶ1〜2週間程度の期間）ご
とに実行可能なコードを提供する．このために，開発チームが実践すべきさまざまな
プラクティスを定めている．たとえば，現在のソフトウェア開発現場で広く普及して

いるリファクタリング，テストファースト，継続的インテグレーションは XP の提唱するプラクティスである．これらの技法については，13.6 節で詳しく説明する．

13.5 スクラム

スクラムの全体像を図 13.3 に示す．アジャイル開発では，繰り返し実施される設計や実装に対して，明確な目標を設定したうえで作業時間を区切る戦略が採用されている．区切られた時間枠をタイムボックスという．スクラムでは，タイムボックスを**スプリント**と呼ぶ．スプリントの期間はプロジェクトで固定されており，通常 2 〜 4 週間である．

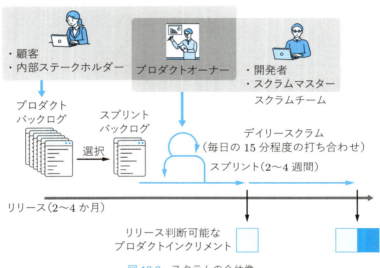

図 13.3　スクラムの全体像

スプリントが終了した段階で，リリース判断可能な**プロダクトインクリメント**（前回のスプリント終了時から一段階進展したプロダクト）が得られる．リリース判断可能とは，プロダクトが顧客などに対してデモンストレーション可能で，すぐにリリースしてもよい状態になっていることを指す．あくまでもリリース可能であって，実際にリリースするかどうかはビジネス上の戦略などを考慮して別途検討される．

13.5.1　スクラムチーム

スクラムチームには，プロダクトオーナー，スクラムマスター，開発者の 3 つの役割をもつメンバーが存在する．

(1) プロダクトオーナー

顧客と内部ステークホルダー（社内に設置された承認委員会など）の声を代表する存在であり，プロダクトの価値を最大化する責任をもつ．ビジネス的な観点から，顧客の要望をユーザストーリーという形式で取りまとめ，どのフィーチャ（機能のこと）

をどの順番に構築するのかを決定する．ユーザストーリーとは，開発するソフトウェアが顧客にとってどのような価値をもたらすのかを短く記述したものである．

ここで，スクラムでは，ソフトウェアの要件や開発者のタスクをバックログ（実施すべき案件や作業）という形で管理する．個々のユーザストーリーを実現するための作業は，優先順位付けされた**プロダクトバックログ**という形で整理される．プロダクトバッグログに含まれる各項目は，プロダクトバックログアイテムと呼ばれ，「フィーチャ（の追加）」「変更」「不具合対応」「リファクタリング」「知識の獲得」などがある．プロダクトオーナーは，各プロダクトバックログアイテムに対して，それを受け入れる条件を定義し，条件が満たされていることを検証する役割を果たす．さらに，プロダクトの開始や終了を決定したり，スプリントの目標を決定したりする各種のプランニング会議に参加し，必要なリソース（人員，予算，開発環境など）の確保を行う．

(2) スクラムマスター

スクラムマスターの責任は，チーム内のメンバーがスクラムの考え方に沿って開発を実践できるように支援することである．このために，スクラムの価値，原則，プラクティス（習慣的な取り組み）を関係者全員に理解させる手助けを行う．

スクラムマスターには，アジャイルプロセスを遵守させる権限が与えられている．一方で，スクラムマスターは，あくまでもコーチやファシリテータであり，プロジェクトを管理する権限をもたないことに注意する必要がある．チームの生産性を低下させる障害を除去する仲介者となったり，外部の妨害からチームを守る防御壁となったりする役割を果たす．また，組織やチームに変化をもち込むチェンジエージェントとしての振る舞いを期待されることもある．

(3) 開発者

開発者は，実際にソフトウェアを構築する責任をもつ．開発者チームは，アーキテクト，プログラマー，テスター，UIデザイナーなどさまざまなスキルをもった技術者で構成される．

アジャイル開発では，プロダクトバックログアイテムごとにソフトウェアの構築が実施される．このため，図13.4(a)のような同じ専門スキルをもつ開発者で構成され

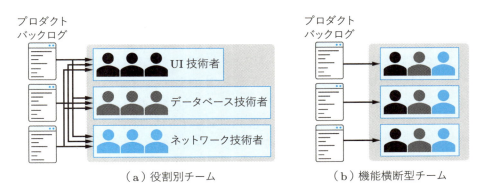

図13.4 開発者チームを集めたチームの構成の比較

る役割別チームよりも，図(b)のような1つのフィーチャを実現するために必要なさまざまなスキルをもつ開発者で構成される機能横断型のチームが好まれる．

13.5.2 スプリントにおける活動

1回のスプリントで実施する作業を集めたものを**スプリントバックログ**という．これは，スプリントを開始する直前に実施される**スプリントプランニング**において決定される．図13.5に示すように，スプリントプランニングには，プロダクトオーナー，スクラムマスター，開発者が参加する．そこでは，プロダクトオーナーと開発者がスプリントの目標について合意したうえで，プロダクトバックログアイテムの作成，洗練，見積もり，優先順位付けを行う．

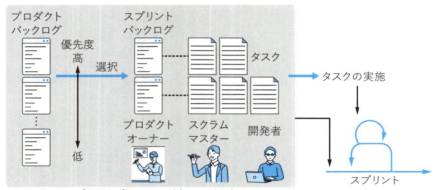

図 13.5　スプリントプランニング

スプリングプランニングにおいて，プロダクトバックログからスプリントバッグログを選択するためには，各プロダクトバックログアイテムの完了にどの程度の作業量が必要であるのかを見積もる必要がある．見積もりには，各スプリントで完了できる仕事量を指す**ベロシティ**を用いるのが一般的である．これは，過去のスプリントにおける作業量から計算される．ベロシティは見積もりのために利用する手段であり，チームの能力を査定する指標ではないことに注意する必要がある．ベロシティの高さを競わせても，開発の生産性やプロダクトの信頼性の向上にはつながらない．

開発者は，スプリントバックログアイテムを実現するタスクに基づき，設計，実装，統合，テストを通してプロダクトインクリメントを完成させる．また，スプリント期間中には，毎日15分程度のミーティングを行い，各自の進捗や問題などを共有する．このミーティングは**デイリースクラム**と呼ばれ，スクラムマスターが進行する．

スプリントの最後には，図13.6に示す2つの活動が実施される．**スプリントレビュー**では，プロダクトインクリメント用いたデモを行うことで，それが受け入れ条件を満たしているかどうかを検査する．通常，2〜4時間で実施する．**レトロスペクティブ**では，スプリントにおいて実施した開発プロセスを振り返る．通常2時間以内

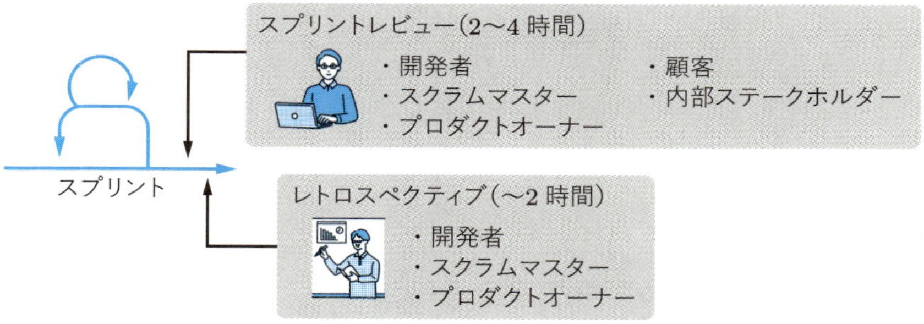

図 13.6 スプリントレビューとレトロスペクティブ

に終わらせる．

　スプリントを実行する際の注意点として，その時間枠で実施する作業が明確に決まっており，その期間が不変であることがあげられる．現在のスプリントの期間でタスクが完了しないことが予測されたり，実現できなかったフィーチャが存在したりしても，期間の延長は認められない．完了できなかったタスクや実現できなかったフィーチャについては，次のスプリントプランニングにおいて，スプリントバックログに追加するかどうかを検討する．

　スクラムでは，スプリントの実施中に新たなタスクが発生した場合，スプリントバックログかプロダクトバックログを更新することで対応する．いま，スプリント実施中にバグが見つかった場合を考える．この場合，図 13.7 に示すように，バグ修正に対応するアイテム「不具合対応」がスプリントバックログの最後尾に追加される．その後，スプリントバックログアイテムどうしの緊急度を比較し，それらの優先順位の入れ替えを行う．たとえば，「リファクタリング」や「フィーチャ B」よりも「不具合対応」の緊急度が高いと判断されると，図の右側のようにスプリントバッグログが更

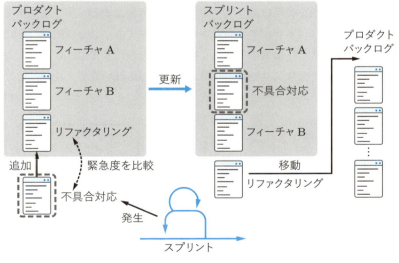

図 13.7　バックログの更新

新される．ここで，スプリントは期間が決まっているので，「不具合対応」の追加により，「リファクタリング」の実施が不可能であると判断されると，そのアイテムはプロダクトバッグログに移される．このように，スプリントバッグログとプロダクトバッグログを適時更新することで，スプリントの実施期間を変えずに，緊急性の高いタスクに対処する．

13.6 アジャイル開発を支える技法

ここでは，アジャイル開発を支える4つの技法を説明する．これらはどれもプラクティスであり，アジャイル開発において積極的に取り入れることが奨励されている．

13.6.1 リファクタリング

機能拡張，機能改変，バグ修正のような変更を繰り返し行った結果，プログラムの設計や実装が劣化することが多い．たとえば，何度も機能拡張を行っているうちに，特定のモジュールだけが肥大化する，モジュールの凝縮度が低下する，モジュールの結合度が増加するという現象が頻繁に発生する．また，似たような処理を別の場所で何度も記述してしまうことも多い．設計や実装が劣化したプログラムは，その構造や振る舞いを理解することが難しく，その保守を著しく面倒にする．また，読みにくいソースコードを移植あるいは再利用することはほぼ不可能である．

このような事態を避けるためには，図 13.8 に示す**リファクタリング**を頻繁に実施するのがよい．リファクタリングとは，既存ソフトウェアの設計の理解や変更の容易性を向上させることを目的としたうえで，そのソフトウェアの外部から見た振る舞いを変えずに，内部構造を再構成する活動である．11.2.6 項で説明したリストラクチャリングとの大きな違いとして，リファクタリングでは，大きな（複雑な）設計変更を一連の小さな変換により実現することを前提とする．小さな変換を行うごとにテストを行い，ソフトウェアの挙動を確実に保存する小さな変換だけを繰り返し適用することで，ソフトウェア全体として挙動を保存したままで，大きな変更が実現できる．

リファクタリングでは，外部から見た振る舞いを変えないことを，外部的挙動が保存するという．これは，変換前後のソフトウェアが，同一の入力値に対して必ず同一

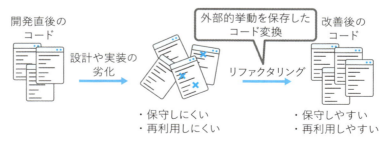

図 13.8 リファクタリングの概要

の出力値を返すことを意味する．その一方で，このような性質を数学的に証明することは難しい．そこで，ファウラー（Martin Fowler）は，外部的挙動の保存を保証するのではなく，ソフトウェアの入出力に関するテストにより検査するという立場を採用した．これにより，より実践的なリファクタリングの変換操作が数多く提案されるようになった．提案された変換操作の一部は，近年のソフトウェア統合開発環境（Integrated Development Environment：IDE）で提供されている．

リファクタリングを有効に活用するためには，その利益を把握しておくことが重要である．ソフトウェアの保守性という観点からは，誤り修正や機能拡張の前に，見慣れない設計や難解なコードを自分が理解しやすい形に書き換えておくことで，修正や改良に費やすコストの削減が期待できる．また，変更後のコードにリファクタリングを適用することにより，将来のコード理解や変更を容易にすることができる．

ソフトウェアの生産性という観点からは，設計の過度な作業コストを抑えられるという利益がある．一般には，将来のソフトウェアにおけるモジュールやモジュール間の関係を完全に予測することは不可能である．さらに，再利用可能なモジュールや移植性の高いモジュールをはじめから作成することは難しい．リファクタリングを開発に積極的に導入することで，設計作業を適当な時期に打ち切り，実装作業に移ることができる．

リファクタリング作業においては，外部的振る舞いを保存するという強い制約が存在する．このため，任意の設計やコードに対して，いつでも改善ができるわけではない．とくに，元の設計が著しく腐敗している場合，そのコードに対して無理にリファクタリングを適用しようとすると，非常に面倒な作業を強いられることになり，最初から作り直したほうがよい場合もある．

13.6.2　テスト駆動開発

テスト駆動開発（Test-Driven Development：TDD）では，ソフトウェアを実装する前に，テスト用のソースコード（テストコード）を記述し，テストに通過するプロダクトのソースコード（プロダクトコード）を記述するというサイクルを繰り返すことで，ソフトウェアを完成させる．一般に，テストの通過だけを目的として記述されたソースコードは保守しやすいとは限らないので，そのコードに対して 13.6.1 項で説明したリファクタリングを実施する．実装前にテストを書くことで，プロダクトコードを記述する目的が明確になり，さらに記述が完了したことがテストの可否で判断できるようになる．また，テストしやすいモジュールが作られる可能性が高まる．このような方法論は，ベック（Kent Beck）らによって，**テストファースト**（Test first）として提唱され，単体テストフレームワークという形で普及している．

当初の TDD では，各モジュールに対して，失敗する単体テストを記述することに注視していた．これに対して，フリーマン（Steve Freeman）とプライス（Nat Pryce）は，モジュール間の連携を模倣するモックを積極的に利用することで，失敗

する受け入れテストが記述できることを示した．これを，ATDD（Acceptance Test-Driven Development）という．古典的な TDD においてテスト対象はあくまでもモジュール単位であるのに対して，ATDD ではテスト対象をシステムと利用者との境界とする．これにより，モジュールを組み合わせてプログラムを構築していくボトムアップな設計方法だけでなく，システム要件やユースケースからトップダウンに設計していくやり方に，テスト駆動の考え方が適用できるようになった．

　TDD を実践する際には，TDD におけるテストは 10 章で説明したテストと目的が異なることに注意する必要がある．10.2 節で説明したテスト技法は，どれも作成したソフトウェアに誤りを見つけることを目的としている．これに対して，TDD におけるテストは，開発者や開発チームが設計や実装を安心して行うための道具である．TDD で開発を進めることで，誤りのないソフトウェアが得られるわけでも，最終的なテストが不要になるわけでもない．テストという用語が与える誤解を減らすために，近年，TDD は BDD（Behavior Driven Development）ともよばれている．

13.6.3　デプロイメントパイプライン

　アジャイルプロセスモデルでは，顧客の要求の変化に迅速に対応できる一方で，要求の変化を迅速に把握することまでは踏み込んでいない．**DevOps**（デブオプス）では，開発者あるいは開発チームが，ソフトウェアの開発（Development）だけでなく，自らが開発したソフトウェアの運用（Operation）を同時並行して実施することで，要求の変化の把握を実現できる．

　DevOps では，図 13.9 に示す**継続的デプロイ**（Continuous Deployment）を採用することで，最新のソフトウェアを顧客に継続的に提供し，顧客からのフィードバックを迅速に獲得することを目指している．継続的デプロイは，**継続的インテグレーショ**

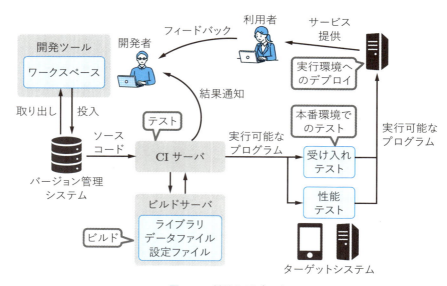

図 13.9　継続的デプロイ

ン（Continuous Integration：CI）と**継続的デリバリ**（Continuous Delivery：CD）に基づいている．CIとは，それぞれの開発者が自分の手元で実施したソフトウェア変更を定期的に統合し，自動的にテストを実行する仕組みである．CIを支援する環境では，9.4節で説明したバージョン管理が実施されているのが一般的である．図に示すように，バージョン管理システムに投入されたソースコードは，CIサーバを介してビルドサーバに送られ，必要なライブラリ・データファイル・設定ファイルと結合されて，実行可能なプログラムが作成される．CIを実現するためには，自動ビルドと自動テストを備えた環境が提供されている必要がある．

CIでは，ソースコードを投入するごとに，開発者に対して，ビルドとテストの結果を通知する．その目的は，開発者がつねに実行可能なプログラムを提供するという意識をもつことである．これに対してCDの目的は，実行可能なプログラムの受け入れテストや性能テストを実施し，プログラムをいつでも本番環境で実行可能な状態にしておくことである．図では，受け入れテストや性能テストの実施までがCDとなる．実行可能なプログラムを実際に本番環境にデプロイ（配備）するかどうかの判断までは行わない．

継続的デプロイでは，自動化された受け入れテストや性能テストを通過した実行可能なプログラムは，本番環境に自動的にデプロイされる．デプロイされた実行可能なプログラムは，利用者に対して実際にサービスを提供し，そのフィードバックを開発者（あるいはシステム運用者）に返す．このような一連の流れを**デプロイメントパイプライン**という．フィードバックは，単なるエラー報告だけでなく，利用者の満足度や利用者が次に要求する機能に関する情報を含む．継続的デプロイの成功は，ビルドやテストの自動化だけでなく，実際の開発とサービスの提供を近づけることで，このようなフィードバックループが実現できるかどうかにかかっている．

13.6.4　ドメイン駆動開発

顧客との協調を重視するアジャイル開発では，顧客と開発者が同じモデルで議論できると都合がよい．**ドメイン駆動開発**（Domain-Driven Development：DDD）とは，ドメインエキスパートや開発者などが頭の中で考えている概念の集まりをドメインモデルとして形式化し，それを共有することによりドメインエキスパートと開発者が共同で設計を進める方法である．

一般に，ドメインエキスパートは自分の専門や業務に特化した豊富な知識をもっている反面，ソフトウェア開発に関する専門知識が不足している．反対に，開発者はソフトウェア開発技術に関する豊富な知識をもっている反面，ドメインに関する知識に乏しく，顧客が要求しているソフトウェアの機能や振る舞いを正確に捉えていない可能性がある．

お互いの専門知識のギャップを埋め，意思疎通を円滑に行うために，ドメイン駆動開発ではユビキタス言語を作り上げることを推進している．ユビキタス言語とは，開

発者やドメインエキスパートを含むプロジェクト全体で共通となる単語やその使い方などを指す．通常，ユビキタス言語は境界づけられたコンテキストの中で適用できる．コンテキストが境界づけられるとは，コンテキストに明示的な境界が存在し，コンテキストが異なれば構築されるドメインモデルも異なるということである．

ドメイン駆動開発において強調されている点は，ドメインエキスパートと開発者がユビキタス言語の構築を通して共同で設計を行うことである．このため，開発したソフトウェアには，ドメインエキスパートと開発者の共通の概念に基づくことが求められる．たとえば，オブジェクトの属性や操作の名前，サービスにおけるインタフェースの名前などは，ドメインエキスパートと開発者の双方が理解できるようになっていることが重要である．

ポイント

- アジャイル開発では，開発対象を多数の小さな機能に分割し，小さい機能を短期間に開発することを繰り返す．動くソフトウェアを部分的にでもできるだけ早い段階から継続的にリリースすることで，顧客の満足度を高めることを目指している．
- 計画ベース開発では，どのようなソフトウェアを作成するのかという問題領域における作業と，どのようにソフトウェアを作成するのかという解決領域における作業が完全に分離している．一方，アジャイル開発では，問題領域における作業と解決領域における作業に顧客を巻き込んだフィードバックループを採用している．
- アジャイル開発では，OODA サイクルに PDCA サイクルを組み合わせた形態をとる．
- スクラムでは，ソフトウェアの要件や開発者のタスクを**バックログ**という形で管理する．
- スクラムにおいて，繰り返しの対象となる設計・実装のタイムボックスは**スプリント**と呼ばれ，スプリントごとにリリース判断可能な**プロダクトインクリメント**が作成される．
- **リファクタリング**とは，既存ソフトウェアの設計の理解や変更の容易性を向上させることを目的としたうえで，そのソフトウェアの外部から見た振る舞い（外部的挙動）を変えずに，内部構造を再構成する活動である．
- **テスト駆動開発**では，ソフトウェアを実装する前にテストコードを記述し，テストに通過するプロダクトコードを記述して，リファクタリングを適用するというサイクルを繰り返すことで，ソフトウェアを完成させる．
- DevOps では，**デプロイメントパイプライン**を採用することで，最新のソフトウェアを顧客に継続的に提供し，顧客からのフィードバックを迅速に獲得する

ことを目指している.

● **ドメイン駆動開発**では,ドメインエキスパートと開発者が,お互いの専門知識の
ギャップを埋めるユビキタス言語を作りあげ,共同で設計を進めることを目的と
している.

演習問題

13.1 アジャイル開発に対する誤解を挙げよ.

13.2 アジャイル開発方法論であるスクラムにおけるスプリントを説明せよ.

13.3 リファクタリングの目的を説明せよ.

13.4 テスト駆動開発の利点を説明せよ.

13.5 継続的インテグレーションの利点を説明せよ.

13.6 ドメイン駆動開発におけるユビキタス言語を説明せよ.

さらなる勉強のために

　本書では，ソフトウェア工学全般にわたり重要な事項を取り上げて，それぞれ基礎となる考え方と基本技術を解説した．本書で取り上げた項目について，さらなる学習のために参考となる書籍を紹介する．

- Roger S. Pressman, Bruce R. Maxim（著），西 康晴 ほか（訳）：実践ソフトウェアエンジニアリング（第9版），オーム社，2021.
- 玉井哲雄：ソフトウェア工学の基礎 改訂新版，岩波書店，2022.
- 岸知二，野田夏子：ソフトウェア工学，近代科学社，2016.
- 鵜林尚靖：レクチャー ソフトウェア工学，数理工学社，2021.

ソフトウェア工学知識体系の世界標準が以下のサイトからダウンロードできる．ソフトウェア工学に関する知識を俯瞰する際に活用するとよい．

- IEEE Computer Society, Software Engineering Body of Knowledge（SWEBOK），http://www.swebok.org

また，より深い理解を求める読者のために，章ごとの参考文献を以下の URL からダウンロードできるようにしている．

https://www.morikita.co.jp/books/mid/081062

演習問題解答例

■ 第1章

1.1 （1.2.2項参照）ステークホルダーとは，ソフトウェアの開発とその成果にかかわりがあるすべての人であり，互いに利害関係にある人たちである．ステークホルダーが増えると，立場の異なる人が増えて，経験や視点の違いから意思疎通を図ることが難しくなり，誤解が生じやすくなる．また，同じ開発担当者であっても，人数が多くなり担当が細分化されると，これらの担当者間でも引き継ぎ事項が増えたり，十分に引き継ぎができていないと，誤解が生じていたことに後から気づいて，初期段階にさかのぼって開発をやり直すなどの問題が生じることがある．

1.2 （1.2.2項，1.3.2項参照）ステークホルダーは，日常使う用語や経験の違いがあるため，意思疎通を十分に図れないで互いに誤解が生じることがある．また，一般に，利用者や顧客は技術的な知識に乏しいため，技術的詳細な事柄を示されても理解することが困難である．抽象化により本質的な項目を抽出し，検討したいことだけをモデルとしてわかりやすく図式化してあれば，これらの人々も，また大きく複雑なシステムであっても，その詳細にとらわれることなくモデルに基づいて検討できる．

1.3 （1.2.3項，1.3.4項参照）開発期間と利用期間が長期化すると，機能追加や機能変更などの開発当初に定めた要求に対する変更依頼が生じやすくなる．追跡可能性が確保されていれば，要求を定めた理由や，その要求を変更した場合の影響を把握したうえで，このような変更依頼の妥当性を判断することが可能になる．また，変更依頼に応える場合には，その変更により処置すべき箇所を見つけることが容易になる．

1.4 （1.2.2項，1.2.3項，1.3.3項参照）早い段階で要求を明確に定めておかなければ，開発途中で機能の追加や変更などの依頼が出てきて，手戻りが発生し開発が大幅に遅れることがある．プログラムで提供すべき機能が要求として簡明に記述してあれば，開発すべきプログラムが大きくなっても，要求をもとにシステムを調べ，全体を見通すことができる．また，早期に要求を明確に定めておけば，システム開発にかかわる人が多くなっても，それぞれ要求に基づいて作業を進められるので，開発途中で誤解が生じることが少なくなる．

1.5 （1.3.3項参照）「どのような構造にするのか」というソフトウェアの基本構造を考慮した視点は，近年，Webベースのソフトウェアや携帯端末を用いたソフトウェアなど新しい構造をもつソフトウェアが出現して，基本構造が品質特性に及ぼす影響が大きくなってきたことに対応するためである．また，「どのように使うのか」という視点が重要視されるのは，コンピュータの操作方法について，グラフィカルユーザインタフェース（GUI）の進化などによりさまざまな選択肢が出現して，利用者の使い勝手の良さが重視されるようになったことがある．このような新しい操作方法は，ソフトウェアの基本構造に影響を及ぼすこともあるので，その基本方針は，ソフトウェア開発の早い段階で要求を明確に定めておくのが

172　演習問題解答例

望ましい.

1.6　(1.3.7 項参照) 顧客や利用者に対していち早く動くソフトウェアプロダクトを提供することで, 顧客や利用者の意見を随時ソフトウェア開発に取り入れることができる. これにより, 間違った機能や不要な性能の作り込みを避けることができる可能性が高まる. また, ソフトウェア開発の途中にふり返りの機会を取り入れれば, 進捗に合わせて臨機応変に開発計画を見直すことができ, ソフトウェアに対する要望の変化やソフトウェアの利用環境の変化に追従できる可能性が高まる.

■ 第2章

2.1　(1.2.2 項, 2.2.2 項参照) ソフトウェア開発において, 開発が進行して後から問題が見つかり, 元の段階にさかのぼって開発をやり直すこと. 手戻りが大きくなればなるほど, すなわち, 問題の発見が遅くなればなるほど, やり直す作業量が増える. 結果として, 開発が遅れて開発費も増大し問題は深刻となる. 手戻りをなくす方法には, レビューとプロトタイピングがある. レビューは, ウォータフォールモデルにおいて, 各工程の最後に, 作成した仕様書を注意深く吟味し, 潜在的な不具合を次の工程に引き継がないように見直す作業である. プロトタイピングは, 演習問題 2.3 の解答例を参照.

2.2　(2.2.1 項, 2.2.2 項参照) ウォータフォールモデルでは, 上から下に水が流れ落ちる滝 (ウォータフォール) のように, 要求分析から設計 (基本設計, 詳細設計), 実装, テスト・検証, 運用・保守までのプロセスを 1 つずつ順に辿ってソフトウェアを開発する. 各プロセスでは, 仕様書を作成し, さらにレビューにより仕様書を見直して問題点を抽出し, 修正を加える.

　ウォータフォールモデルは, 問題点を十分に抽出できれば問題はないが, システムが何もない初期段階ですべての問題点を抽出するのは, たいへん難しく, どうしても手戻りが生じてしまうという問題がある.

2.3　(2.3.1 項, 2.3.2 項参照) 使い捨て型プロトタイピングでは, 要求定義や設計上のとくに重要な部分のプロトタイプを作り, 実際に動作させて検討するので, 計画どおりに開発を進めても問題が生じないかを正確に把握できる. また, 顧客の要求があいまいな部分を優先的に取り上げて作り, 顧客にプロトタイプを試用して機能や使い勝手を確かめてもらうため, 早めに問題点を抽出できる. この結果を要求仕様に反映して実用ソフトウェアの開発に着手する. これにより, 大幅な手戻りを少なくすることができる.

　しかし, 事前にプロトタイピングの目的を明確にしてプロトタイプとして作成する機能を十分に考慮しておかなければ, プロトタイプを作成しても, 後からプロトタイプでは確認しなかった機能で問題が発生して手戻りが生じるという問題点がある.

2.4　(2.3.3 項参照) イテラティブとは「反復する」という意味で, イテラティブ開発プロセスモデルでは, システム全体に対して繰り返し修正を加えていく. 一方, インクリメンタルとは「少しずつ増加させる」という意味で, インクリメンタル開発プロセスモデルでは, 機能を少しずつ追加する作業を繰り返してシステムを完成させる.

2.5　プロジェクト X では, 基本設計と詳細設計から要求分析への手戻り件数の割合が合計 33% と多いことがわかる. これに対して, プロジェクト Y ではプロトタイピングから要求分析への手戻りの割合が38% と多く, その他の工程から要求分析への手戻りの割合は合計 4% と少ないことがわかる. これは, プロジェクト X では, 基本設計や詳細設計の段階で要求変更が必要になり, 多くの手戻りが発生したためと考えられる. この原因としては, ユーザの意図に変化が生じて要求が変更されたこと, 詳細設計のときに実現上の問題が露見したことなどが推測される. これに対してプロジェクト Y では, 最初に利用者の要求があいまいな部分や実現上問題になりそうなところのプロトタイプを優先的に作り, 必要な要求変更をプロトタイピングの工程で終えたため, 基本設計以降の工程から要求分析への手戻りが少なく

なったことが考えられる.

第3章

3.1 （3.1.2項参照）開発計画を立てることで，次に示す利点が得られる.

① ソフトウェア開発のプロジェクトには，さまざまな立場の関係者が参加する. 関係者間の合意を図るためには，開発の目的や目標，開発スケジュール，開発体制などを事前に明確にしておくことが必須である. 顧客と開発者，要求分析者と設計者で合意が図られないままプロジェクトを推進すると，後に関係者間で調整する必要が生じる. これは，作業の手戻りにつながる.

② ソフトウェア開発では，顧客と開発者間でのコミュニケーションの齟齬，顧客や利用者からの要求の変更，ソフトウェアの実行環境や開発環境の変化は避けられない. これらの問題を随時解決して開発を進行するためには，単に進捗を追跡して場当たり的に次の作業を決定するのでは不十分である. 計画を立てることにより，実際の状況との差異を把握することができ，次の作業を適切に決定できる可能性が高まる. また，開発計画を立てることで，発生が予測されるリスクを事前に考えておくことができる.

③ 開発計画を立てる際に，開発するソフトウェアの規模や工数を見積もることで，プロジェクトにおける開発スケジュールを決定することができ，限られた資源（予算，人，機器など）を適切な時期に投入することが可能となる. また，開発スケジュールは，プロジェクトのメンバーに対する作業遂行の指針となる.

3.2 （3.2.4項参照）ファンクションポイントは規模を表しているだけで，工数を直接表してはいない. このため，ファンクションポイントから工数に変換するためには，過去の実績データが必要になることに注意が必要である.

3.3 （3.3.1項参照）個々の副特性については，国際規格 ISO/IEC 25000 を調べるとよい.

3.4 （3.3.2項参照）ゴール層では，測定の対象，理由，観点，コンテキストなどを明確にするために，測定を行う目的を定義する. クエスチョン層では，目的が達成されたか否かを判断する具体的な基準となる質問を定義する. メトリクス層では，質問に対する答えを提供するのに必要なメトリクスを定義する.

3.5 （3.3.3項参照）省略.

第4章

4.1 （4.1.1項参照）省略. さらに勉強したい人には，パーナスやジャクソンの定義が参考になる. パーナスの定義では，利用者の環境とソフトウェアを明確に区別している（ソフトウェアは利用者の環境の外に存在する）. 利用者が観測可能な変数と制御可能な変数で定義されるものが要求，ソフトウェアが操作可能な入出変数で定義されるものが仕様である. ジャクソンの定義でも，利用者の環境とシステム（ソフトウェア）を明確に区別し，ソフトウェアの外部にある環境を記述したものが要求，要求を満足するためにソフトウェアが満たすべき振る舞いを記述したものが仕様である. 大まかには，現実世界に登場する利用者側の問題という視点で定義したものを要求，システムの実現という視点で定義したものを仕様と考えて差し支えない.

4.2 （4.1.3項参照）次に示すことが理由として考えられる.

① 顧客や利用者が，ソフトウェアに対して過度な期待や反発をし，非現実的な要求しか獲得できない.

② 価値観や文化の異なるステークホルダー間での調整が難しい.

③ 顧客や利用者が形式的に記述された要求仕様の内容を確認するのが難しい.

4.3 （4.2.1項(9)参照）省略.

4.4 （4.3.2項参照）省略.

4.5 （4.4節参照）要求仕様に対する品質特性を満たさない要求の例をいくつか挙げる. これ以外にも，

各自考えてみるとよい．
①**妥当性** たとえば，開発しているソフトウェアがプリンタとデジタルカメラのネット販売を実現するものであるにもかかわらず，「利用者は，ネット販売システムによりテレビを買うことができる」という要求は妥当でない．
②**非あいまい性** 「ネット販売システムに登録できる利用者はできるだけ多いほうがよい」という要求において，「できるだけ多い」があいまいである．
③**完全性** 「利用者の登録において，同一の利用者は一度しか登録できない」という要求に対して，同一の利用者が登録をしようとした場合にどうなるのかが不明である．
④**無矛盾性** 「注文確定後に商品のキャンセルはできない」という要求と「商品はいつでもキャンセルできる」という要求は，同時に成立しない．
⑤**検証可能性** 「商品の値段はできるだけ見やすく表示する」という要求に対して，見やすさは検証不可能である．

第5章

5.1 （5.1.1項参照）省略．

5.2 （5.1節，5.2節参照）構造化分析技法では，顧客や利用者の要求に対してシステムが実現すべき機能をデータフロー図で表現する．その際，最初からすべてのプロセスを抽出して，それらプロセス間のデータの流れを考えるのではなく，1つのプロセスとシステム外部のエンティティだけで構成された全体文脈図の作成から始める．プロセスが複数の処理を含んでいると考えられる場合，そのプロセスを分割し，分割後のプロセスやデータストア間のデータの流れを見つけていく．段階的詳細化とは，このような作業を段階的に繰り返すことで，システムの機能を詳細化していくことをいう．これ以上分割できないレベルのプロセスは，プロセス仕様書という形で，その機能を記述する．また，プロセス間を流れるデータやその構造は，データ辞書により定義される．

5.3 （5.1.2項参照）詳細化においては，プロセスの分割前後で入出力データのフローが必ず保持されていなければならない．その際には，データの詳細化にも注意する必要がある．

5.4 （5.3.1項参照）省略．

5.5 （5.3.2項参照）解図1に示す状態遷移図（一部）を考える．状態「待機中」に属するシステムが，イベント「着信」を受け取ると，状態「待機中」を接続元（遷移元）から状態「呼び出し中」に遷移する．いま，この矢印にはアクションが記述されているので，遷移の際，アクション「ベルを鳴らす」が実行される．

解図1

第6章

6.1 （6.1節参照）構造化分析では，システムが何をするのかという機能を中心に考える．これに対して，オブジェクト指向分析では，システムに登場するオブジェクトに着目し，その構造や振る舞いを明確にする．オブジェクトとは，それが扱うデータとそのデータに対する処理をまとめたものである．

6.2 （6.2.1項参照）省略．

6.3 （6.2.3項参照）省略．

6.4 （6.4.1項参照）ユースケースとは，利用者がどのようにシステムを使用するのかを表す典型的な事例である．利用者はアクタという．アクタは，システムとやりとりする外部の組織や装置であってもよい．

ユースケース図において，アクタとユースケースの間に実線が引かれている場合，アクタはそのユースケースを実行することができる．

6.5 （6.4.2項参照）関連とは，クラス間に成立する関係をいう．インスタンス間に成立するリンクを抽象化したものと考えることもできる．多重度は，1つのリンクに対して，インスタンスが何個結びついているのかを表す．

　解図2にクラス図を示す．図では，クラス「学生」と「レポート」の間に関連「提出する」が存在する．つまり，クラス「学生」のインスタンスは，クラス「レポート」のインスタンスを「提出する」ことができる．クラス「学生」側の多重度は「1」である．これは，リンク「提出する」に対して，クラス「学生」のインスタンスが1つであることを表している．つまり，クラス「レポート」のインスタンス1つに対して，クラス「学生」のインスタンスは必ず1つとなる．現実世界で考えると，学生によって提出されたレポート1つに対して，必ず提出した学生が1名存在する．同時に，1つのレポートは必ず1名の学生によって提出されていること，つまり，複数の学生で提出されることはない．クラス「レポート」側の多重度を見ると，「0..2」である．これは，リンク「提出する」に対して，クラス「レポート」のインスタンスが存在しないか，存在してもたかだか2つであることを表している．現実世界で考えると，学生はレポートを提出しないか，1～2通提出することができる．

解図2

第7章

7.1 （7.1.3項参照）一般に，ある特性を向上させようとすると，別の特性が悪くなることがある．たとえば，変更容易性を向上させようとすると応答性が悪くなったり，セキュリティを向上させようとすると速度が低下したりするなどである．アーキテクチャ設計では，このように両立しえないような特性について，システム開発の基本方針に照らし合わせながらバランスをとって妥協点を決める．変更容易性と応答性，セキュリティと高速性のような二律背反の関係をトレードオフといい，設計上の判断により妥協点を決めることをトレードオフをとるという．

7.2 （7.1.4項参照）事前に基本方針を明確に定めておくことが重要なのは，個々の設計判断をくだすときになって，基本方針にかかわることを決めたり変更したりすると，一貫性のある設計ができなくなるためである．

　追跡可能性を確保することが重要なのは，詳細設計を行う場合，あるいは，修正や拡張を加える場合に，元となる基本設計において判断した結果とその理由を後から参照して，不用意に基本構造を損なうことがないようにするためである．

7.3 （7.2.2項参照）仮想マシンモデルでは，階層ごとに段階的に開発できるようにする．また，ある階層を変更したときに生じる影響範囲が，上層に限定されるという利点がある．また，仮想マシンでは，アプリケーション向きの抽象度の高い独自の命令セットを提供し，アプリケーションではハードウェアやOSにない機能が利用可能になる．これにより，ハードウェアやOSに依存しないアプリケーションが実現可能になり，ユーザインタフェースの異なる多様なアプリケーションの実現が容易になる．

7.4 （7.2.2項参照）クライアントサーバモデルは，サーバ（サービスを提供するプログラム）とクライアント（サービスを要求するプログラム）をネットワークで接続した分散型システムを実現するための簡明なアーキテクチャである．サービス要求側とサービス提供側との独立性が高いため，次のような利点が得られる．

176　演習問題解答例

①機種や OS に依存しない構成を実現することが容易である.

②サービス要求側とサービス提供側のソフトウェアの変更が容易である.

③クライアントおよびサーバの台数を調整してシステムを拡張することが容易である.

④サービス機能を集中させることができるため,管理者にとってサービス管理が容易であり,サービスに対する課金モデルも構築が容易である.

7.5　(7.2.2 項参照) 拡張性や弾力性が高いことに加えて,個々のサービスを独立して実現することが可能であるため,それぞれのサービスを実現するプログラミング言語や環境の制約が少ないこと,あるサービスの障害がほかのサービスに影響を与えにくいことがある.

■ 第 8 章

8.1　(8.1 節参照) モジュールがある 1 つの目的に沿った機能だけを提供して,他のモジュールとの相互作用が少ないとき,そのモジュールは機能独立性が高いという.機能独立性の高いモジュールからなるソフトウェアは,各モジュールの機能がはっきりと分かれていて,インタフェースもすっきりしているため,開発が容易である.また,機能独立性の高いモジュールは,設計の変更やプログラムの修正による副作用の及ぶ範囲が局所化されるため,テストや保守が容易になる.モジュールの強度と結合度は,機能独立性を測定するための品質基準である.

8.2　(8.2 節参照) 情報隠蔽の概念は,インタフェースと実装を明確に分離して,モジュールの実装に関する詳細な設計情報は,他のモジュールから隠して参照できないようにしておくべきであるというものである.モジュール化するときの評価基準として情報隠蔽を用いると,次のような利点が得られる.

①モジュールの実装を調べなくても,モジュールのインタフェースを理解しておけばモジュールを利用できる.

②モジュールの実装を変更しても,インタフェースを変更しなければ,そのモジュールを呼び出しているモジュールはそのまま使うことができる.このことは,高速化のために実装方式に工夫を施すなど,プログラムの変更が容易になり,保守性を向上させる.

8.3　(8.2.1 項参照) 同一データにアクセスする複数の機能をまとめたモジュールがもつ強度.たとえば,名簿データに対する登録,変更,削除,検索の処理をまとめたモジュールなどが例として挙げられる.

　オブジェクト指向設計法のようにデータに着目した設計法では,情報的強度のモジュールは複数の機能をもっているが,データの具体的な表現形式をモジュール内に閉じ込めておき,情報隠蔽の概念に沿ったモジュールとなる.このため,機能に着目したモジュール分割法では機能的強度を推奨するが,オブジェクト指向設計では機能的強度よりも情報的強度を推奨する.

8.4　(8.2.2 項参照) あるモジュールが別のモジュールを呼び出すとき,呼び出されるモジュールの制御を指示するデータをパラメータとして引き渡すようなモジュール間の結合のこと.呼び出すモジュールは,呼び出されるモジュール内の論理を知っていて,どのように制御すればよいかを理解している必要がある.

8.5　(8.3.1 項参照) 省略.

■ 第 9 章

9.1　(9.1.1 項参照) 省略.

9.2　(9.2 節参照) プログラムが理解しやすいとは,その構造や振る舞いが容易に把握できるということである.プログラムからバグを除去する場合や,機能拡張のためにプログラムを変更しなければならない場合に,プログラム理解は必須である.理解しやすいプログラムは,開発者が理解に費やすコストを大幅に抑えることができる.よって,プログラムの正しさを検査しやすく,バグの特定が容易である.また,そのようなプログラムは将来の変更や拡張がしやすく,保守も容易である.

演習問題解答例　177

9.3　（9.2.2 項参照）省略.

9.4　（9.3.1 項参照）省略.

9.5　（9.4 節参照）一般に，保守における修正や改善のときソフトウェアの互換性が保たれているとは限らず，動作中のソフトウェアを別のものに置き換えた際に問題が発生することがある．バージョン管理が適切に実施されていると，問題の発生時，元のソフトウェア構成に容易に戻すことができる．また近年の協調開発では，複数の開発者が保守にかかわる．そのため，誰がいつどのような変更を実施したのか正確に把握できないと，同じ変更が繰り返されたり必要な修正が上書きされたりしてしまう．この問題を回避するため，過去の変更を容易に追跡できるようにしておくことが重要である.

■ 第 10 章

10.1　（10.1.1 項参照）省略.

10.2　（10.1.3 項参照）単体テストは，モジュール内部に存在する論理的な誤りを検出する作業である．このため，モジュール間のインタフェースに関する誤りを検出することは難しい．たとえば，引数の順序を勘違いして作成したモジュールに対して，勘違いしたまま何度も単体テストを実施しても誤りを検出することはできない．このような誤りは，結合テストにおいて，実際にモジュールの呼び出しが行われることで発覚する可能性が高い．また，単体テストは，システム内の一部の機能の振る舞いを検査するだけである．よって，その実行結果から，完成したソフトウェアシステム全体の機能や性能に対する誤りを検出するのは難しい.

10.3　（10.1.4 項参照）省略.

10.4　（10.2 節参照）ホワイトボックステストには，命令網羅，分岐網羅，条件網羅，パス網羅，定義参照網羅がある．命令網羅，分岐網羅，条件網羅，パス網羅については本文を参照のこと．定義参照網羅では，変数の値を定義する命令とその値を参照する命令の関係に着目し，プログラム中に含まれるこのような定義参照関係を網羅するようにテストケースを決定する．ブラックボックステストには，同値分割，境界値分析，原因結果グラフ，ペアワイズ法がある．同値分割，境界値分析，原因結果グラフ，ペアワイズ法については本文を参照のこと.

10.5　（10.4.1 項参照）テストが実際に実行可能なソフトウェアが完成してから実施されるのに対して，レビューは開発の途中で生成された要求仕様，設計仕様，プログラムコードに対して随時実施することができる．つまり，レビューは開発工程の早期から実施可能である．よって，ソフトウェアに含まれる誤りを開発工程の早期に発見できる可能性が高く，その修正にかかる工数を小さく抑えることが期待できる.

■ 第 11 章

11.1　（11.1.3 項参照）省略.

11.2　（11.2 節参照）ソフトウェア保守とは，現在稼働中のソフトウェアを修正あるいは変更することである．修正や変更を行うためには，保守対象のソフトウェアを理解しなければ始まらない．理解が不十分なままでソフトウェアを修正あるいは変更してしまうと，いままで正しく動作していた機能が正しく動作しなくなったり，予想していないバグを新たに混入してしまう恐れがある.

11.3　（11.2.2 項参照）省略.

11.4　（11.2.6 項参照）リエンジニアリングとは，リバースエンジニアリングとフォーワードエンジニアリングをあわせたものである．ソフトウェアの設計や仕様を，実装から再生成するリバースエンジニアリングを必須とするため，リエンジニアリングにおける作業は，異なる抽象度を横断する．これに対してリストラクチャリングは，同じ抽象度におけるソフトウェア情報の変換作業を指す.

11.5　（11.3.2 項参照）省略.

178　演習問題解答例

第12章

12.1　（12.2節参照）省略．

12.2　（12.3.3項参照）コンポーネント指向ソフトウェア開発の利点は主に次に示す4つである．

①開発効率：既存のコンポーネントやアーキテクチャを再利用することで，ソフトウェア開発コストの削減や開発期間の短縮ができる．

②信頼性：利用実績のあるコンポーネントを組み合わせるだけで信頼性の高いソフトウェアが構築できる．

③変更容易性や拡張性：置換可能なコンポーネントを交換することで，要求仕様や実行環境の変化に対応できる．

④開発作業の分離：コンポーネント作成作業と組み立て作業を分離できる．

12.3　（12.3.4項参照）モデル変換器を再利用することで，ソースコードを再利用せずにプログラムを自動生成することが特徴である．モデル駆動開発では，要求に適合したモデルを作成したり，その妥当性が確認したりできることが前提となっている．そのため，適用領域が限られている．

12.4　（12.4節参照）省略．

12.5　（12.5節参照）パターン活用の際の注意点を次に述べる．パターンが先人の知恵や経験に基づく有用な定石であったとしても，それを使いこなすにはある程度の開発スキルが必要であり，パターンカタログを読んだだけでは不十分である．また，それぞれのパターンには利点と欠点があり，パターンを適用すればつねに良いソフトウェアができるわけではない．とくに，パターンを学習しはじめたばかりの初心者の多くは，パターンに過度に期待し，あらゆる場面でパターンを適用しようとする傾向にあるので注意が必要である．さらに，パターンは再利用知識であり，そのままの形で再利用するものではない．パターンの適用とは，パターンを再利用コンポーネントのように組み込むことではなく，パターンをソフトウェアのなかに作り込んでいくという意識をもつことが大事である．

第13章

13.1　アジャイル開発を導入すれば，ソフトウェアを早く完成させることができるという考えが誤解のひとつである．動くソフトウェアを迅速に提供し，顧客に確認してもらうことで，無駄な手戻りを抑制できるが，納期の短縮に直接つながるわけではない．他にも，「決められたプロセスが存在する」「計画を立てない・守らなくてもよい」「ドキュメントは作らない」などの誤解がある．

13.2　（13.5節参照）スプリントとは，顧客の要求を満たすソフトウェアを実現するために，繰り返し実施される開発の単位を指す．1回のスプリントの期間は2〜4週間と短く設定され，明確に決められた開始日と終了日をもつ．これにより，短期的にプロダクトをリリースすることが目標となり，かつ顧客の要求に迅速に対応することが可能となる．

13.3　（13.6.1項参照）機能拡張や機能改変のような機能を中心とした変更では，プログラムの保守性，移植性，再利用性などの観点が置き去りにされ，このような変更を繰り返し行った結果，プログラムの設計や実装が劣化することが多い．設計や実装の劣化したソースコードは，その構造や振る舞いを理解することが難しく，ソフトウェアの保守作業を著しく面倒にする．また，理解が困難なソースコードを移植あるいは再利用することはほぼ不可能であり，ソフトウェアの生産性という観点からも好ましくない．このような事態を避けるために，ソフトウェアの外部から見た振る舞い（外部的挙動）を変えずに，内部構造を再構成するリファクタリングを実施する．

13.4　（13.6.2項参照）テスト駆動開発とは，実行可能できれいなコードを記述するための手法である．作成するモジュールはテスト可能であることが前提であるため，開発者はテストの容易性をつねに意識することになる．結果として，理解容易性や変更容易性の高いソフトウェアが作成される可能性は高まる．

演習問題解答例　　179

また，テストの通過によってモジュールが完成したかどうかを判断することができ，フィーチャの追加や変更が安心して段階的に実施できる.

13.5　（13.6.3項参照）継続的インテグレーションを導入することで，ソフトウェア変更が不具合を発生させないかどうかを開発者は素早く知ることができる. とくに，自分が変更した関数やメソッドがほかの開発者が変更した関数やメソッドを呼び出している場合，統合してテストすることではじめて不具合が発覚することが多い. 小さな変更ごとに結合テストを実施し，このような不具合を早期に発見することで，不具合に対する修正範囲を小さく抑えたり，修正時間を短くしたりできる. 新たにフィーチャを追加する際にも，最新の動くソフトウェアをベースとすることができる.

13.6　（13.6.4項参照）ユビキタス言語とは，開発者やドメインエキスパートを含むプロジェクト全体で共通となる単語やその伩い方などを指す. プロジェクト内の会話，ドキュメントやコードの記述において至るところで使用されることが求められる. ユビキタス言語によって同じ単語で意思疎通を図ることが可能となるため，プロジェクト内のコミュニケーションが円滑になるという利点が得られる.

索 引

英数先頭

AHP 法　42
Albrecht　30
Basili　35
Boehm　20
Böhm　105
CBD　146
CK メトリクス　34
CMM　35
COCOMO　29
COCOMO II　30
Davis　42
DeMarco　47
DevOps　166
DFD　43, 47
Dijkstra　104
Doty モデル　30
FP 法　30
GQM　35
IDE　102
IEEE Std 830-1998　44
ISO/IEC 9126　33
Jacopini　105
KJ 法　40
McCabe　34
Myers　115
OOA　58
Parnas　91, 139
PMBOK　25
Putnam モデル　30
QCD　25
SPL　148
SPL 資産　148
STS 分割　98
TR 分割　98
UML　43, 65

あ 行

アーキテクチャ　15, 74
アーキテクチャスタイル　80
アーキテクチャ設計　74
アーキテクチャパターン　80
アクタ　67
アクティビティ　70
アクティビティ図　70
アグリゲーション　64
アジャイル　156
アジャイルソフトウェア開発宣言　157
アジャイルプロセスモデル　22
アルブレヒト　30
イテラティブ開発プロセスモデル　21
インクリメンタル開発プロセスモデル　22
インスタンス　62
インスペクション　129
インタフェース　61
インテグレーションテスト　116
インヘリタンス　63
ウォークスルー　129
ウォータフォールモデル　16
受け入れテスト　117
影響分析　135
エクストリームプログラミング　159
エンティティ　48
オブジェクト　58
オブジェクトコード　101
オブジェクト指向　58
オブジェクト指向プログラミング　103, 145

か 行

回帰テスト　137
階層モデル　80
開発者　38
開発能力成熟度モデル　33
概念モデル　68
仮想マシンモデル　81
活性区間　71
カプセル化　60
関数型仕様　44
関数型プログラミング　103
ガントチャート　27
関連　62
技術的負債　134
帰納表明法　129
機能要求　38
基本設計　15
吸収　48, 98
境界値分析　122
共通フレーム98　26
クライアントサーバモデル　81
クラス　61, 144
クラス図　68
クラスライブラリ　144
形式的手法　128
形式的仕様　44
継承　63
継続的インテグレーション　166
継続的デプロイ　166
継続的デリバリ　167
結合テスト　116
決定木　54
決定表　54
原因結果グラフ　122
源泉　48, 98
工数　27
構成管理　134

索 引　181

構造化　6
構造化言語　53
構造化定理　105
構造化プログラミング　104
構造化分析　47
顧客　3, 38
コーディングパターン　106
コードクローン　136
ゴール指向分析　41
コールリターンモデル　85
コンテキストダイアグラム　48
コントロールモデル　84
コンパイラ　102
コンポジション　64
コンポーネント　146
コンポーネント指向開発　146

さ 行

最大抽象点　98
再利用　142
作業明細構造　27
サービス指向モデル　83
サンドイッチテスト　113
三層モデル　81
シーケンス図　70
自己呼び出し　71
システムアナリスト　39
システムテスト　116
実装　15
実体関連図　54
シナリオ　41
集約　64
条件網羅　120
詳細設計　15
仕様書　16
状態図　72
状態遷移図　56
情報隠蔽　60, 91
情報的強度　92
進化型プロセスモデル　18
進化型プロトタイピング　21
シンク　48
信頼性成長モデル　127
スクラム　159
スタブ　117
ステークホルダー　3
スパイラルモデル　20
スプリント　160
スプリントバックログ　162
スプリントランニング　162

スプリントレビュー　162
制御フローグラフ　119
生存線　70
静的型検査　129
正当性検証　128
設置テスト　117
全体文脈図　48
選択　53, 104
操作　59
属性　59
ソーシャルコーディング　112
ソース　48
ソースコード　101
ソフトウェア危機　1
ソフトウェア工学　5
ソフトウェア進化　139
ソフトウェア進化の法則　139
ソフトウェアテスト　114
ソフトウェアの視覚化　135
ソフトウェアパターン　152
ソフトウェアプロセス　15
ソフトウェアプロダクトライン　148
ソフトウェア保守　131

た 行

ダイクストラ　104
代数的仕様　44
多重度　68
妥当性　44
妥当性確認　128
単体テスト　116
抽象化　7
抽象データ型　44
追跡可能性　8, 45, 135
使い捨て型プロトタイピング　19
デイリースクラム　162
適正プログラム　105
デザインパターン　106
テスト駆動開発　165
テスト計画　116
テストケース　115
テストファースト　165
データ辞書　54
データストア　47
データフロー図　43
データフローモデル　84
手続き型プログラミング　102
デバッグ　106

デービス　42
デプロイメントパイプライン　167
デ・マルコ　47
手戻り　3, 17
デルファイ法　42
統合開発環境　102
同値分割　121
トップダウンテスト　117
ドメイン駆動開発　70, 167
ドメイン知識　39
ドライバ　118
トランザクション処理　98
トリアージ　42
トレードオフ　78

は 行

波及効果解析　135
バグ　114
バシリ　35
パス網羅　121
パッケージ　95
パーナス　91, 139
反復　53, 104
非機能要求　38
ビックバンテスト　119
ビュー　79
ビューポイント　38
標準タスク法　28
品質管理　33
品質特性　33, 44
ファンクションポイント法　30
フィーチャモデリング　149
フィードバックループ　11
フォーワードエンジニアリング　137
複合　64
ブラックボックステスト　119
フロー　47
プログラミング　101
プログラミングパラダイム　102
プログラム　101
プログラム解析　136
プログラムスライシング　136
プロジェクト管理　25
プロジェクト管理知識体系　25
フローズンスポット　145
プロセス仕様書　53
プロセスメトリクス　34
プロダクト　15

プロダクトインクリメント　160
プロダクトバックログ　161
プロダクトメトリクス　34
フローチャート　105
ブロードキャストモデル　85
プロトタイプ　19
分割統治法　6
分岐網羅　120
分析者　39
文網羅　119
ペアワイズ法　124
ベーム（Boehm）　20
ベーム（Böhm）　105
ベロシティ　162
変換　98
ホットスポット　145
ボトムアップテスト　118
ホワイトボックステスト　119

ま　行

マイクロカーネルモデル　82
マイヤーズ　115
マッケイブ　34
マネージャモデル　85
ミューテーションテスト　126

無効同値クラス　121
命令型プログラミング　102
命令網羅　119
メタモルフィックスティング　125
メッセージパッシング　61
メトリクス　34
モジュラー　88
モジュール　88
モジュール強度　92
モジュール結合度　92
モジュール構造図　96
モジュール設計　88
モジュール分割技法　97
モデル　7
モデル駆動開発　147
問題フレーム　42

や　行

ヤコピーニ　105
有効同値クラス　121
ユースケース　41, 67
ユースケース図　67
ユニットテスト　116
要求工学　8, 37

要求仕様　37
要求定義　37
要求分析　37

ら　行

リエンジニアリング　137
リグレッションテスト　137
リストラクチャリング　138
リバースエンジニアリング　137
リファクタリング　164
リポジトリモデル　81
リンク　62
レガシーソフトウェア　132
レトロスペクティブ　162
レビュー　17, 129
連接　53, 104
ロバストネス分析　69
論理型仕様　44
論理型プログラミング　103
論理網羅　119

わ　行

ワークプロダクト　135
割り込み駆動型モデル　85

著者略歴

丸山勝久（まるやま・かつひさ）

1991 年　早稲田大学理工学部電気工学科卒業
1993 年　早稲田大学大学院理工学研究科電気工学専攻博士課程前期課程修了
1993 年　日本電信電話株式会社（現 NTT）ソフトウェア研究所入所
1999 年　博士（情報科学）（早稲田大学）
1999 年　NTT コミュニケーションズ株式会社入社
2000 年　立命館大学理工学部情報学科助教授
2003 年　カリフォルニア大学アーバイン校（UCI）ソフトウェア研究所（ISR）客員研究員
2004 年　立命館大学情報理工学部情報システム学科助教授
2007 年　立命館大学情報理工学部情報システム学科教授
2017 年　立命館大学情報理工学部情報理工学科教授
　　　　　現在に至る
研究分野：ソフトウェア工学（とくに，ソフトウェア保守，ソフトウェア再利用，ソフトウェア開発環境，プ
　　　　　ログラム解析）

高橋直久（たかはし・なおひさ）

1974 年　電気通信大学電気通信学部応用電子工学科卒業
1976 年　電気通信大学大学院電気通信学研究科応用電子工学専攻修士課程修了
1976 年　日本電信電話公社（現 NTT）武蔵野電気通信研究所入所
1987 年　工学博士（東京工業大学）
2001 年　名古屋工業大学電気情報工学科教授
2004 年　名古屋工業大学大学院工学研究科ながれ領域（情報工学専攻）教授
2017 年　名古屋工業大学名誉教授
2017 年　名古屋工業大学国際音声言語技術研究所プロジェクト教授
　　　　　現在に至る
研究分野：並列分散処理，ソフトウェア工学，コンピュータネットワーク，時空間情報処理

情報工学レクチャーシリーズ
ソフトウェア工学（第2版）

2010 年 8 月 20 日　第 1 版第 1 刷発行
2024 年 2 月 19 日　第 1 版第 11 刷発行
2025 年 2 月 3 日　第 2 版第 1 刷発行

著者　　　　丸山勝久・高橋直久

編集担当　　岩越雄一（森北出版）
編集責任　　藤原祐介（森北出版）
組版　　　　コーヤマ
印刷　　　　シナノ印刷
製本　　　　同

発行者　　　森北博巳
発行所　　　森北出版株式会社
　　　　　　〒102-0071　東京都千代田区富士見 1-4-11
　　　　　　03-3265-8342（営業・宣伝マネジメント部）
　　　　　　https://www.morikita.co.jp/

© Katsuhisa Maruyama, Naohisa Takahashi, 2025
Printed in Japan
ISBN978-4-627-81062-4